用于国家职业技能鉴定

国家职业资格培训教程

YONGYU GUOJIA ZHIYE JINENG JIANDING

GUOJIA ZHIYE ZIGE PEIXUN JIAOCHENG

客户服务管理师

（国家职业资格二级）

编审委员会

主　　任　刘　康

副 主 任　张亚男

委　　员　孙戈力　高鲁民　陈　蕾　张　伟

编审人员

主　　编　孙凤芝　丁文花

副 主 编　潘华丽　田　磊　王　燕

编　　者　徐宗波　陈效珍　郭金金　邹晓燕　韩苗苗

孙芙蓉　冯召伟　孟宪华　辛立国　薛美花

王晓露　董　丽　胡　翔　李学芝　朱　珂

张　慧　刘慧欣　李　华

主　　审　梁文生

中国劳动社会保障出版社

图书在版编目(CIP)数据

客户服务管理师：国家职业资格二级/中国就业培训技术指导中心组织编写．—北京：中国劳动社会保障出版社，2013

国家职业资格培训教程

ISBN 978-7-5167-0382-3

Ⅰ.①客… Ⅱ.①中… Ⅲ.①企业管理-销售管理-商业服务-技术培训-教材 Ⅳ.①F274

中国版本图书馆 CIP 数据核字(2013)第 106835 号

中国劳动社会保障出版社出版发行

（北京市惠新东街1号 邮政编码：100029）

出版人：张梦欣

*

北京市艺辉印刷有限公司印刷装订 新华书店经销

787毫米×1092毫米 16开本 12.5印张 217千字

2013年5月第1版 2023年3月第6次印刷

定价：27.00元

营销中心电话：400-606-6496

出版社网址：http://www.class.com.cn

前　言

为推动客户服务管理师职业培训和职业技能鉴定工作的开展，在客户服务管理师从业人员中推行国家职业资格证书制度，中国就业培训技术指导中心在完成《国家职业技能标准·客户服务管理师》（试行）（以下简称《标准》）制定工作的基础上，组织参加《标准》编写和审定的专家及其他有关专家，编写了客户服务管理师国家职业资格培训系列教程。

客户服务管理师国家职业资格培训系列教程紧贴《标准》要求，内容上体现“以职业活动为导向、以职业能力为核心”的指导思想，突出职业资格培训特色；结构上针对客户服务管理师职业活动领域，按照职业功能模块分级别编写。

客户服务管理师国家职业资格培训系列教程共包括《客户服务管理师（基础知识）》《客户服务管理师（国家职业资格三级）》《客户服务管理师（国家职业资格二级）》《客户服务管理师（国家职业资格一级）》4本。《客户服务管理师（基础知识）》内容涵盖《标准》的“基本要求”，是各级别客户服务管理师均需掌握的基础知识；其他各级别教程的章对应于《标准》的“职业功能”，节对应于《标准》的“工作内容”，节中阐述的内容对应于《标准》的“能力要求”和“相关知识”。

本书是客户服务管理师国家职业资格培训系列教程中的一本，适用于对二级客户服务管理师的职业资格培训，是国家职业技能鉴定推荐辅导用书，也是客户服务管理师职业技能鉴定国家题库命题的直接依据。

本书在编写过程中得到山东省旅游局、山东师范大学、艮华先创管理顾问有限公司等单位的大力支持与协助，在此一并表示衷心的感谢。

中国就业培训技术指导中心

目录

CONTENTS 国家职业资格培训教程

第1章 客户服务策划

第1节 客户服务环境分析

学习单元1 客户服务外部环境分析

学习目标

- ➤掌握客户服务企业外部环境的构成
- ➤了解外部环境的分类和特点
- ➤掌握客户服务企业的具体环境
- ➤熟悉分析客户服务企业环境的SWOT分析法

一、客户服务企业的外部环境

我国古代著名的军事战略家孙武曾经说过："知己知彼，百战不殆。"这里的知己知彼就是了解内部环境和外部环境。企业战略的有效性在很大程度上取决于战略制定者对企业目标是否明确、对企业内部环境的评价是否准确以及对企业外部环境的分析是否完整和透彻。

企业的外部环境是指那些能影响企业经营成败，但又在企业外部而非企业所能完全控制的外部因素。企业与其外部客观的经营条件、经济组织及其他外部因素之间相互联系、相互作用，处在一个不断变动的过程之中。分析企业外部环境的目的，就是要找出外部环境为企业提供的可以加以利用的发展机会，以及外部环境对企业发展所构成的威胁，以此作为制定战略目标的出发点、依据和约束条件。

二、外部环境的分类

外部环境因素对不同的企业来说，其影响程度是不同的。首先，对于一个特定的企业来说，它总是存在于某一产业环境之内，这个产业环境直接影响企业的生产经营活动。所以，第一类外部环境就是产业环境，它是企业直接赖以生存的环境，也称为企业的微观外部环境。第二类外部环境因素间接地或潜在地对企业发生作用和产生影响，这类外部环境称为企业的宏观外部环境。一般来说，宏观外部环境包括政治法律环境、经济环境、技术环境和社会文化环境。产业环境和身处其中的各个企业都要受到政治法律、经济、技术和社会文化等宏观环境的影响。

1. 政治法律环境

政治法律环境是指那些影响及制约企业的政治要素和法律系统，以及其运行状态。具体包括国家政治制度、政治军事形势、方针政策、法律法令法规及执法体系等因素。国家的政策法规对企业生产经营活动具有控制、调节作用，相同的政策法规给不同的企业可能会带来不同的机会或制约。在稳定的政治环境中，企业能够通过公平竞争获取正当权益，得以生存和发展。政府的政策广泛影响着企业的经营行为，政府的许多干预是间接的，如税率、利率、货币政策、干预外汇市场等。

2. 经济环境

经济环境是指构成企业生存和发展的社会经济状况及国家的经济政策。具体包括社会经济制度、经济结构、宏观经济政策、经济发展水平以及未来的经济走势等。衡量经济环境的指标有国民生产总值、国民收入、就业水平、物价水平、国际收支状况，以及利率、通货供应量、政府支出、汇率等国家财政货币政策。

3. 技术环境

技术环境是指一个国家和地区的技术水平、技术政策、新产品开发能力以及技术发展的动向等。科学技术的发展是推动世界进步的原动力。在知识经济兴起和科技迅速发展的情况下，技术环境对企业的影响可能是创造性的，也可能是破坏性的，企业必须预见这些新技术带来的变化，采取相应的措施予以应对。

4. 社会文化环境

社会文化环境是指一个国家和地区的民族特征、文化传统、价值观、宗教信仰、教育水平、社会结构、风俗习惯等。每一个社会都有一些核心的价值观，每种文化都由许多亚文化组成。经济结构的变化导致社会文化的变迁，也带来社会组织结构的变动。社会组织结构的变动还表现在共同利益群体成为社会经济生活重要的影响力量。社会文化环境对企业的生产经营有着潜移默化的影响，例如，文化水平会影响人们的需求层次；风俗习惯和宗教信仰可能抵制或禁止企业某些活动的进行等。

三、外部环境的特点

企业的外部环境作为一种客观的制约力量，在与企业的相互作用和影响中形成了以下特点：

1. 外部环境的唯一性

虽然企业在其经营活动中处于同外部环境的动态作用之中，但是对每个企业来说，没有一个外部环境因素的影响程度能始终保持不变。外部环境的可变性要求企业的外部环境分析必须是一个与企业环境变化相适应的动态分析过程，同时，企业应及时修正或调整其战略，以适应外部环境的变化。在制定企业战略时，企业还要不断分析与预测未来环境的变化趋势，做到有的放矢，以赢得竞争的主动权。

2. 外部环境的复杂性

外部环境的复杂性体现在影响企业的外部因素很多，且各因素间彼此相互关联。外部环境的复杂性不仅表现为外部环境因素的数量很多，而且还表现为外部环境因素具有多样化的特点，即影响企业的外部环境因素种类纷繁、千差万别。一般而言，企业作为一个开放系统，它所面临的外部环境因素会变得越来越多样化，越来越复杂。

四、客户服务企业的具体环境

不同组织面临着不同的具体环境，而对绝大多数企业而言，其具体环境的最关键部分即是企业投入竞争的一个或几个产业。而一个产业的竞争状态取决于以下五种基本的竞争力量：直接竞争对手、供应商、购买者、潜在进入者、替代品的其他企业。一种可行战略的提出首先应该包括确认并评估这五种力量，不同力量的特性和重要性因行业和企业的不同而变化，如图 1—1 所示，更多请参考《客户服务管理师（国家职业资格一级）》教程中的相关内容。

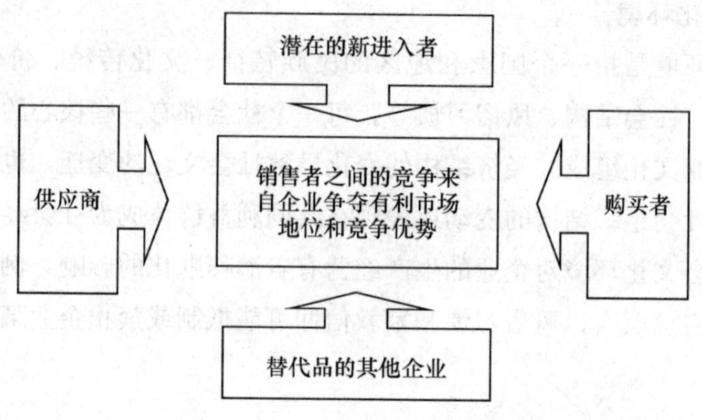

图 1—1　企业竞争的五种力量

五、客户服务企业环境 SWOT 分析法

1. SWOT 分析法定义

SWOT 分析是指把组织内、外环境所形成的优势（Strengths）、劣势（Weaknesses）、机会（Opportunities）、威胁（Threats）四个方面的情况结合起来进行分析，以寻找并制定适合本组织实际情况的经营战略和策略的方法。

SWOT 分析法从某种意义上来说隶属企业内部分析方法，即根据企业自身的既定内在条件进行分析。SWOT 分析有其形成的基础。按照企业竞争战略的完整概念，战略应是一个企业“能够做的”（即组织的强项和弱项）和“可能做的”（即环境的机会和威胁）之间的有机组合。著名的竞争战略专家迈克尔·波特提出的竞争理论从产业结构入手对一个企业“可能做的”方面进行了透彻的分析和说明，而能力学派管理学家则运用价值链解构企业的价值创造过程，注重对企业资源和能力的分析。SWOT 分析就是在综合了前面两者的基础上，以资源学派学者为代表，将企业的内部分析（即 20 世纪 80 年代中期管理学界权威们所关注的研究取向，以能力学派为代表）与产业竞争环境的外部分析（即更早期战略研究所关注的中心主题，以安德鲁斯与迈克尔·波特为代表）结合起来，形成了自己结构化的平衡系统分析体系。

与其他的分析方法相比较，SWOT 分析从一开始就具有显著的结构化和系统性的特征。就结构化而言，首先在形式上，SWOT 分析法表现为构造 SWOT 结构矩阵，并对矩阵的不同区域赋予了不同的分析意义；其次在内容上，SWOT 分析法的主要理论基础也强调从结构分析入手对企业的外部环境和内部资源进行分析。另外，早在 SWOT 诞生之前的 20 世纪 60 年代，就已经有人提出过 SWOT 分析中涉及的内部优势、劣势，外部机会、威胁这些变化因素，但只是孤立地对它们加以分析。SWOT 方法的重要贡献就在于用系统的思想将这些似乎独立的因素相互匹配起来进行综合分析，使得企业战略的制定更加科学、全面。

SWOT 方法自形成以来，广泛应用于战略研究与竞争分析，成为战略管理和竞争情报的重要分析工具。分析直观、使用简单是它的重要优点。即使没有精确的数据支持和更专业化的分析工具，也可以得出有说服力的结论。但是，正是这种直观和简单，使得 SWOT 不可避免地带有精度不够的缺陷。例如，SWOT 分析采用定性方法，通过罗列 S、W、O、T 的各种表现，形成一种模糊的企业竞争地位描述，以此为依据作出的判断不免带有一定程度的主观臆断。所以，在使用 SWOT 方法时要注意方法的局限性，在罗列作为判断依据的事实时，要尽量真实、客观、精确，并提供一定的定量数据弥补 SWOT 定性分析的不足，构造高层定性分析的基础。

2. SWOT 分析的步骤

（1）罗列企业的优势和劣势，可能的机会与威胁。

（2）优势、劣势与机会、威胁相组合，形成 SO、WO、ST、WT 策略。

SO 策略：依靠内部优势，利用外部机会。

WO 策略：利用外部机会，弥补内部劣势。

ST 策略：利用内部优势，规避外部威胁。

WT 策略：减少内部劣势，规避外部威胁。

（3）对 SO、WO、ST、WT 策略进行甄别和选择，确定企业目前应该采取的具体战略与策略。分析时通常采用表格更直观，分析之后一定要得出结论。

3. SWOT 具体分析

（1）竞争优势（S）

竞争优势（S）是指一个企业超越其竞争对手的能力，或者指企业所特有的能提高企业竞争力的东西。例如，当两个企业处在同一市场或者说它们都有能力向同一客户群体提供产品和服务时，如果其中一个企业有更高的盈利率或盈利潜力，那么，就认为这个企业比另外一个企业更具有竞争优势。

竞争优势可以是以下几个方面：

1）技术技能优势：独特的生产技术，低成本生产方法，领先的革新能力，雄厚的技术实力，完善的质量控制体系，丰富的营销经验，上乘的客户服务，卓越的大规模采购技能。

2）有形资产优势：先进的生产流水线，现代化车间和设备，拥有丰富的自然资源储备，吸引人的不动产地点，充足的资金，完备的资料信息。

3）无形资产优势：优秀的品牌形象，良好的商业信用，积极进取的企业文化。

4）人力资源优势：关键领域拥有专长的职员，积极上进的职员，很强的组织学习能力，丰富的经验。

5）组织体系优势：高质量的控制体系，完善的信息管理系统，忠诚的客户群，强大的融资能力。

6）竞争能力优势：产品开发周期短，强大的经销商网络，与供应商良好的伙伴关系，对市场环境变化的灵敏反应，市场份额的领导地位。

（2）竞争劣势（W）

竞争劣势（W）是指某种企业缺少或做得不好的东西，或指某种会使企业处于劣势的条件。

可能导致内部劣势的因素有以下几点：

1）缺乏具有竞争意义的技能、技术。

2）缺乏具有竞争力的有形资产、无形资产、人力资源、组织资产。

3）关键领域里的竞争能力正在丧失。

（3）潜在机会（O）

企业面临的潜在机会是影响企业战略的重大因素。企业管理者应当确认每一个机会，评价每一个机会的成长和利润前景，选取那些可与企业财务和组织资源匹配、使企业获得竞争优势的潜力最大的最佳机会。

潜在的发展机会可能是以下几点：

1）客户群的扩大趋势或产品细分市场。

2）技能、技术向新产品和新业务转移，为更大客户群服务。

3）前向或后向整合。

4）市场进入壁垒降低。

5）获得购并竞争对手的能力。

6）市场需求增长强劲，可快速扩张。

7）出现向其他地理区域扩张、扩大市场份额的机会。

（4）外部威胁（T）

在企业的外部环境中，总是存在危及企业的外部威胁，这是对企业的盈利能力和市场地位构成威胁的因素。企业管理者应当及时确认危及企业未来利益的威胁，作出评价并采取相应的战略行动来抵消或减轻它们所产生的影响。

企业的外部威胁可能是以下几点：

1）出现将进入市场的强大的新竞争对手。

2）替代品抢占企业销售额。

3）主要产品市场增长率下降。

4）汇率和外贸政策的不利变动。

5）人口特征、社会消费方式的不利变动。

6）客户或供应商的谈判能力提高。

7）市场需求减少。

8）容易受到经济萧条和业务周期的冲击。

由于企业的整体性和竞争优势来源的广泛性，在作优势、劣势分析时，必须从整个价值链的每个环节上将企业与竞争对手作详细的对比。例如，产品是否新颖，制造工艺是否复杂，销售渠道是否畅通，价格是否具有竞争性等。

如果一个企业在某一方面或几个方面的优势正是该行业企业应具备的关键成功因素，那么，该企业的综合竞争优势也许就强一些。需要指出的是，衡量一个企业及其产品是否具有竞争优势，只能站在现有潜在用户的角度上，而不是站在企业的角度上。

企业在维持竞争优势的过程中，必须深刻认识自身的资源和能力，采取适当的措施。因为一个企业一旦在某一方面具有了竞争优势，势必会吸引竞争对手的注意。一般来说，企业经过一段时期的努力，建立起某种竞争优势；然后就处于维持这种竞争优势的态势，竞争对手开始逐渐作出反应；而后，如果竞争对手直接进攻企业的优势所在，或采取其他更为有力的策略，就会使这种优势被削弱。所以，企业应保证其资源的持久竞争优势。

资源的持久竞争优势受到企业资源的竞争性价值和竞争优势的持续时间两方面因素的影响。

4. 评价企业资源竞争性价值的测试

评价企业资源的竞争性价值必须进行以下四项测试：

（1）这项资源是否容易被复制。一项资源的模仿成本和难度越大，它的潜在竞争价值就越大。

（2）这项资源能够持续多久。资源持续的时间越长，其价值越大。

（3）这项资源能否真正在竞争中保持上乘价值。在竞争中，一项资源应该能为企业创造竞争优势。

（4）这项资源是否会被竞争对手的其他资源或能力所抵消。

5. 影响企业竞争优势持续时间的因素

影响企业竞争优势持续时间的主要因素有以下三点：

（1）建立这种优势要多长时间。

（2）能够获得的优势有多大。

（3）竞争对手作出有力反应需要多长时间。

如果企业分析清楚了这三个因素，就可以明确自己在建立和维持竞争优势中的地位。

当然，SWOT 分析法不是仅仅列出四项清单，最重要的是通过评价企业的优势、劣势、机会、威胁，最终得出以下结论：一是在企业现有的内部和外部环境下，如何最优地运用自己的资源；二是如何建立企业的未来资源。

【案例 1—1】 海尔集团宏观环境（PEST）分析

PEST 分析是指宏观环境的分析，宏观环境又称一般环境，是指影响一切行业和企业的各种宏观力量。对宏观环境因素作分析，不同行业和企业根据自身特点和经营需要，分析的具体内容会有差异，但一般都应对政治（Political）、经济（Economic）、技术（Technological）和社会文化（Social）这四大类影响企业的主要外部环境因素进行分析。

海尔集团是世界白色家电第一品牌，1984 年创立于中国青岛，现任董事局主席、首席执行官张瑞敏是海尔的主要创始人。截至 2012 年，海尔集团全球营业额实现 1 631 亿元，在全球 17 个国家拥有 8 万多名员工，海尔的用户遍布世界 100 多个国家和地区。

一、政治因素

随着中国加入 WTO，进口产品整体关税下降，将有利于企业降低采购原辅料和零部件的成本，引进先进技术。面对日益严重的资源紧张的现实，我国政府迫切地感到了走循环经济发展道路、实现经济可持续发展的重要性。家用电器是资源消耗品，社会保有量巨大，我国作为世界家电最大的消费市场，节能和废旧物处理问题显得非常突出。目前，政府在家用电器行业推出了一系列涉及环境保护、资源利用方面的管理规定和技术法规，其必将影响家用电器行业未来的发展方向。

二、经济因素

随着世界经济一体化，我国家电工业将面对的是全球大市场，这些需求将带给我国家电业更多的机会，今后若干年，随着我国家电工业国际化步伐和世界家电产业转移的加快，我国家电产品出口将保持快速增长的态势。

我国是世界最有吸引力的市场之一。根据 GDP 数据统计，我国已经超越日本成为世界第二大经济实体；另一方面，我国的吸引力无疑有一部分来自中产阶级人数的惊人增长。中产阶级人群不断增加，正推动着巨大的国内消费市场。我国是全球经济增长最迅速的国家之一。过去十年中，我国经济高速发展，年均 GDP 增长率达 9.8%。

三、社会与文化要素

近几年，城镇居民生活水平不断提高，消费方式向多元化发展；从市场现状分析，随着各地区、各部门、各行业、各阶层收入水平的差距越来越明显，消费层次的差别也越来越大，消费结构已到了一个新的转折点，这些都有利于家电产品的销售。特别是在我国加入 WTO 后，随着国人教育水平、文化素质的提高和各方面的宣传，国人已经深刻认识到支持民族品牌的必要性，在购买和使用各种产品时大部分已优先考虑民族品牌，而这又对具有代表性的民族企业——海尔占领、扩大其市场而言是十分有利的。

四、科技要素

海尔中央研究院是海尔集团的核心技术机构，是海尔集团通过技术合作建成的综合性科研基地。目前，研究院联合美国、日本、德国等国家和地区的 28 家具备一流技术水平的公司，拥有 1.2 万 m^2 的研发大楼，配备了国际先进水平的软件、硬件设施，并利用全球科技资源的优势在国内外建立了 48 个科研开发实体。

【案例 1—2】　宝洁公司旗下某品牌的 SWOT 分析案例

SWOT 是一种分析方法，用来确定企业本身的竞争优势、竞争劣势、机会和威胁，从而将公司的战略与公司内部资源、外部环境有机结合。因此，清楚地确定公司的资源优势和缺陷，了解公司所面临的机会和挑战，对于制定公司未来的发展战略有着至关重要的意义。下面以宝洁公司旗下某品牌为例分析说明。

某品牌化妆品是宝洁公司旗下的高端护肤产品系列。其原本是一个日本的区域小品牌，被宝洁公司收购后于 1999 年进入大陆市场。该品牌化妆品专利是根据微生物学（生命学、细胞学、细菌学）的理论，利用天然酵母发酵后，提炼萃取的珍贵成分，内含健康肤质不可或缺的游离氨基酸、矿物质、有机酸、无机酸等自然成分，具有优异的滋润及特殊保湿功能。

日本宝洁公司继 2005 年该品牌化妆品违禁门事件之后又爆丑闻，2006 年 9 月 16 日，国家质量监督检验检疫总局（以下简称国家质检总局）宣布："在来自日本宝洁该品牌系列化妆品中，检出禁用物质铬和钕。"检验检疫部门在对一批该品牌化妆品重点净白素肌粉饼进行检验后发现，其钕成分含量高达 4.5 mg/kg。事件发生后，引起国家质检总局的高度重视。该品牌化妆品产品迅速下架封柜，宝洁承诺退货。至此该品牌化妆品事件引起国内外多家媒体的关注。

2006 年 10 月 23 日，国家质检总局与卫生部发布联合声明称，该品牌化妆品中所含违禁成分铬和钕系原料带入所致，正常使用含微量铬和钕的化妆品对消费者的健康危害较低。基于该声明对于该品牌化妆品产品安全性的澄清，宝洁公司决定，将在几周内恢复该品牌化妆品产品在中国内地的销售。

一、分析环境因素

1. 优势（S）

该品牌化妆品是宝洁公司旗下的高端护肤产品系列，背后有宝洁公司强大的财力物力影响力做后盾。虽然该品牌化妆品产品现在的发展面临着巨大的考验，但是宝洁公司的市场影响力以及有效的广告诉求，包括这次宝洁公司对此事件积极的反应，都对该品牌化妆品战胜困难、度过瓶颈阶段提供了重要的保障。归纳如下：

声誉与外部关系：该品牌化妆品很早就进入我国市场，积累了较好的声誉。甚至在此次事件中，法院审案也表示难度太大。这都与其强大的社会脉络、良好的外部关系分不开。

多年的技术经验积累：宝洁公司有强大的生产力，对产品科技含量要求颇高。此次出现问题，宝洁公司迅速作出回应，能够很快调整生产。跟大陆其他化妆品品牌相比，该品牌化妆品在技术资金、运作机制上仍有较大优势。

2. 劣势（W）

此次事件中，虽然宝洁公司作出反应，但是仍然可以感觉到它是一个在危机反应中运作比较迟钝的巨人。它的危机管理体制远远没有达到标准。在事件的定性、反应速度、应对策略、危机管理的组织保障等诸多环节上，宝洁公司犯下了一系列的致命错误。

事件的定性：宝洁公司在事件发生后，立即按国际惯例寻找和解人，却没有迅速弄清事件起因，使宝洁公司很快陷入被动局面。

媒介应对策略：该品牌化妆品危机显得宝洁公司非常缺乏媒介关系支持。宝洁公司完全有条件与众多媒体沟通，争取在有关部门没有定论前尽可能少报道该事件或在报道中多体现公司的观点。但对该风波的报道根本看不到宝洁公司控制的痕迹。宝洁公司只是应对，显得十分被动和不利。

信任危机：事件发生后，宝洁公司提出了无条件退货的承诺，但是很多地区消费者反映退货渠道不畅，这对本身事件中牵涉的虚假广告问题更加不利。很多消费者对宝洁公司的诚信问题产生怀疑。这对一个大型知名公司形象有着巨大的损害。宝洁公司明确提出不承担伤害赔偿，很多消费者抗议宝洁公司的傲慢与偏见。

3. 机会（O）

虽然该品牌化妆品遭到致命打击，但该品牌化妆品在宣传中较少提到宝洁公司，一部分消费者并没有将该品牌与宝洁公司联系起来。主要机会如下：

政府反应：我国政府对其采取了一定的保护态度。我国政府的最后表态很大程度上帮助宝洁公司恢复元气，使宝洁公司的自我辩护得到官方证据的支持。

行业危机：该品牌化妆品事件提及化妆品行业的安全问题，并称微量的有害物质是行业正常现象，引发了化妆品行业的危机，使得公众注意力很大程度上转移。其他竞争对手无法趁火打劫。

知名度：宝洁公司指出质检有一定的问题。宝洁公司引起了广泛的关注。从另一个层面来讲，对提高其知名度也有一定的好处。宝洁公司回答了众多消费者的提问，目前已重新销售。我国仍是其最大的市场，其他产品的市场占有率依旧很高。

4. 威胁（T）

该品牌化妆品第一次引起人们广泛关注是在2006年3月，遭到了媒体的围攻和炒作。在事件越闹越大的时候，宝洁公司还搬出明星代言人琦琦和刘嘉玲进行声援。而明星的声援几乎起到了适得其反的作用，“明星缺乏公信力”的声音出现在很多媒体上。宝洁公司对此事的态度和发表的声明不但被拿来作为反击的证据，还使各界对宝洁集团的危机管理体制提出质疑，其竞争者更是抓住把柄不放，资生堂、联合利华等其他企业虎视眈眈。

二、得出结论

1. 在此次事件中对宝洁公司影响最大的是引发诚信问题的讨论。公众大多表示此次事件宝洁公司高傲和蛮横的态度使他们非常不悦。

2. 无论宝洁公司怎样声称质检出现问题，引发事件动机不纯，但是化妆品含有一些有害物质是不争的事实。这也督促宝洁公司需要改进生产过程。

3. 在改进过程中，对媒介的运用需要引起重视，应充分利用媒介。

4. 通过此事件，宝洁公司应该总结出广告中出现的问题。涉及数字问题容易引发虚假广告的争论，明星代言要注重明星的公信力。

三、市场运作建议

1. 首先承认自己的失误。

2. 完善危机应对体系。积极回应，对消费者利益的损害进行相应的赔偿。疏通退货渠道，坚决不可出现影响自己声誉的情形。

3. 仍然坚持原有的市场定位，走高端路线。不要因为出现失误而自掉身价。

4. 广告策略。删去明星代言策略，树立诚信形象，使公众相信宝洁公司仍然把消费者放在第一位。

5. 在媒介的运用上，可以广泛运用媒介，在电视、网络、杂志上加强宣传，突出该品牌化妆品改进后的优势。

6. 最根本的是改进生产技术，降低产品中不合格成分。

7. 在拯救该化妆品品牌的同时，研发建立在该品牌上的其他新品牌，以走出困境。

学习单元 2 客户服务企业竞争对手分析

学习目标

➢ 掌握竞争对手分析的内容和维度

➢ 了解竞争对手分析的方法

➢ 熟悉竞争对手分析注意的问题

一、竞争对手分析

竞争对手是企业经营行为最直接的影响者和被影响者，这种直接的互动关系决定了竞争对手分析是外部环境分析中的一个重要内容。

分析竞争对手的目的主要有三个：一是了解每个竞争对手可能采取的战略行动及其实质，以及该行动成功的可能性有多大；二是了解各竞争对手对行业内其他企业的战略行动可能作出的反应；三是要弄清各竞争对手对可能发生的产业变迁和环境的剧烈变化可能作出的反应。

从总体上讲，企业对竞争对手的分析大体包括以下六个方面：

1. 确认企业的竞争对手

每一个企业都在某一个行业环境里生存，在这个行业，有许多的竞争参与者，但不是每一个竞争参与者都是自己的竞争对手。那么什么样的企业才能成为自己的竞争对手呢？只有那些有能力与该企业抗衡的企业才能称为竞争对手。广义而言，企业可将制造相同产品或同级产品的企业都视为竞争对手。

2. 确认竞争对手的目标

竞争对手在市场里找寻什么？竞争对手行为的驱动力是什么？此外还必须考虑

竞争对手在利润目标以外的目标，以及竞争对手的目标组合，并注意竞争对手用于攻击不同产品、市场细分区域的目标。

3. **确定竞争对手的战略**

企业战略与其他企业的战略越相似，企业之间的竞争越激烈。在多数行业里，竞争对手可以分成几个追求不同战略的群体。战略性群体即在某一行业里采取相同或类似战略的一群企业。确认竞争对手所属的战略群体将影响企业某些重要认识和决策。

4. **确认竞争对手的优势和劣势**

企业需要收集竞争者几年内的资料，与自己的企业进行对比分析。一般而言，企业可以通过二手资料、个人经历、传闻来弄清楚竞争对手的强弱，也可以进行客户价值分析来了解这方面的信息。

5. **确定竞争对手的反应模式**

了解竞争对手的目标、战略、强弱，都是为了解释竞争对手可能的竞争行动，及其对企业的产品营销、市场定位及兼并收购等战略的反应，也就是确定竞争对手的反应模式。此外，竞争对手特殊的经营哲学、内部文化、指导信念也会影响其反应模式。

6. **确定企业的竞争战略**

企业只有正确识别和评价竞争对手以及外部机会与威胁才能制定自身明确的任务，设计实现长期战略目标所需的战略及相应的政策，并随着企业外部竞争环境的变化作适度的调整。

二、确定竞争对手分析的四个维度

在当今企业规模越来越大、国际化程度越来越高的市场环境下，笼统地说，企业进行竞争对手分析，在没有确定在哪个层级上、什么类型、哪些客户和市场范围、什么时间跨度内进行竞争对手分析之前作对手分析，就可能出现“盲人摸象”现象，其实际效用将会大打折扣。因此，首先应确定实施竞争对手分析的维度，从而确定从哪里入手进行竞争对手分析最为有效并对企业的决策更有帮助。

1. **决策层级维度**

进行竞争对手分析前应该确定的第一个维度是决策层级维度，即由企业的哪个经营决策层确定实施竞争对手分析任务。不同层级的经营管理者所作的竞争对手分析涉及的内容应该有所区别。例如，企业产品销售代理的竞争对手分析的主要目的是在代理竞标中取胜；而销售部经理的竞争对手分析主要涉及对手产品的价格并预测和评估其新的价格策略；事业部或战略经营单位的经理作竞争对手分析是为了该部门确立其在市场上的位置；企业的CEO可能是为了企业的兼并收购或扩张等战略目的。因此，只有确定了是哪个决策层级进行竞争对手分析之后，才能确保竞争对手分析的针对性和实用性。

2. 决策类型维度

在确定竞争对手分析的决策层级维度的同时，还可以将其以决策类型进行区分，如操作类型、战术类型和战略类型三种，即决策类型维度。高层管理者关注的是战略类型的竞争对手分析，中层职能部门经理更关心战术类型的竞争对手分析，而一线管理者则最关注操作类型的竞争对手分析。

3. 客户和市场范围维度

作竞争对手分析时需要考虑的第三个维度是客户和市场范围维度，即对客户和市场作详细的定义和描述。客户和市场范围的确定对于分析成果的使用价值至关重要。例如，一个跨国汽车制造企业对北京的客户群及市场范围内的竞争对手进行分析与对整个中国的客户群体及市场范围内的竞争对手作分析是不同的，在亚洲范围内乃至全球范围内的竞争对手分析更会迥然有别。

4. 时间跨度维度

竞争对手分析的时间跨度范围的确定也是该项工作的内容。对竞争对手及其行业的历史分析追溯多么久远，对其未来发展的分析达到多么长远的程度都是需要考虑的问题。例如，对海尔电器在欧洲市场竞争对手的分析，是否从20世纪初开始追溯；一家月饼生产企业是对竞争对手近几年的销售价格动态进行分析呢，还是仅对今年中秋节期间的价格走向作分析，以确定明年或今后几年的竞争策略。这些都是竞争对手分析中要首先定义的内容。

三、建立竞争对手信息采集分析系统

在上述方面确定之后，作竞争对手分析时，首先要对已经确定的竞争对手进行持续的跟踪了解，搜集对手的信息，尽可能掌握对手的经营动向及其可能对本企业产生的影响。此外，也可以进行反向思考，即本企业的经营策略可能对竞争对手产生哪些影响。这就需要企业建立一套能够有序地采集和记录竞争对手信息并能随时调用的体系——竞争对手信息搜集系统。在资料搜集的基础上，企业应当对资料进行经常性的专门研究。例如，企业拟将某个竞争对手作为收购对象或作为战略合作伙伴时，需要对相关资料进行分析研究。再如，从持续的资料采集中发现，竞争对手在某个区域进行大量投资或在短期内招募了大批科学家。其目的何在？通过专项研究可以帮助企业分析和回答这些问题。竞争对手信息搜集的另一个作用是，与竞争对手的经营管理业绩和能力进行分析比较，以促使自己改善企业的管理和业绩。

竞争对手信息采集分析系统包括企业经营管理方方面面信息的采集。下面仅给出该系统的一些主要方面供读者参考，目的是提供一个建立该系统的方法和思路，以便根据企业自身的实际情况进行设计和操作。

在资料搜集过程中，对手资料范围也可以根据实际情况给予增加或减少，每一个方面的资料和数据内容可以进行细化并加以初步分析。分析的结果可以是从资料中直接获得的数据或证据，也可以是根据基本资料作出的判断。

1. 财务指标

对对手的财务指标作记录的目的是，有些关键财务数据能够反映出对手最近的经营状况。需要说明的是，很少有大的企业只做单一业务，尽管有的做单一业务，但可能是一个跨国企业。因此，在财务指标信息表中设置了集团、部门和单位等栏目。还可以根据对手的经营组织情况分出其他的栏目。假设把现代汽车作为竞争对手进行分析，“集团”栏目应属于现代集团的内容，“部门”栏目应反映现代汽车在全球的组织情况，“单位”栏目应反映现代汽车在中国的企业情况。如果调查的对手是现代汽车在中国的企业，集团和部门的信息可以暂不作为搜集重点。另外，表中的某些指标项目也可根据实际需要给予增加和减少。

2. 产品分析

一般认为，企业间的竞争往往在产品和服务层面展开。当然，在生产单位层面，也存在着对有限资源的竞争。不过，企业最关心的还是与对手的产品竞争。企业可以根据实际情况增加广告投入，研究产品发展趋势等。市场营销和产品销售活动这方面的信息是关于竞争对手如何对市场施加影响的。这些信息包括对手销售队伍的组织和规模、促销活动、产品折扣、销售渠道、门店数量布局等信息。如果是针对专业服务类企业，对手的主要服务对象、公开的营销资料以及内部刊物等资料都是应该搜集的范围。

3. 竞争优势来源

美国战略管理学家迈克尔·波特价值链理论认为不同的企业参与的价值活动中，并不是每个环节都创造价值，实际上只有某些特定的价值活动才真正创造价值，这些真正创造价值的经营活动就是价值链上的“战略环节”。企业要保持的竞争优势，实际上就是企业在价值链某些特定的战略环节上的优势。运用价值链的分析方法来确定核心竞争力，就是要求企业密切关注组织的资源状态，要求企业特别关注和培养在价值链的关键环节上获得重要的核心竞争力，以形成和巩固企业在行业内的竞争优势。

根据迈克尔·波特的价值链理论，辨别竞争对手的经营活动为客户提供的价值所在，从而发现其竞争优势的来源。

4. 对企业影响重大的活动

通过对竞争对手一些重大经营活动的记录，可以分析对手在市场竞争中的态势以及在竞争中将会采取什么样的行动和反应。

5. 国际化经营的规模和范围

就字面而言，该标题似乎对研究本国竞争对手的人来说并不重要。如果只能了解竞争对手在哪几个国家有经营活动，这项分析内容确实没有意义。然而，有两点必须注意：首先，跨国经营企业有其天然的竞争优势。不能只分析该企业在本国的情况，应该从该跨国企业的整体入手进行调查分析。跨国企业的竞争优势体现在全球化的经济规模和对研发的高额投入。其次，跨国企业具有全球化的战略资源整合优势，其战略决策是基于全球化经营的。因此，了解竞争对手的全球化经营现状是分析和研究竞争对手可能在不同环境下将采取哪些经营行为的最关键的第一步。

6. 关键因素

作竞争对手分析时，总有一些事实可以帮助了解或反映出对手的企业战略，或能够预示对手将要推出一个新的战略。要搜集的数据包括对手生产基地的选址、数量，研发基地在哪里，高层管理团队的变更情况和近期的股权变更情况等内容。

竞争对手资料采集系统的核心部分，也是最难完成的部分，即根据分析资料推断出竞争对手正在实施的战略。不过，这只是推断，不能保证其百分之百正确或在多长时间内正确。重要的是，要持续不断地对竞争对手信息进行监控和分析，以证实这些推断的正确性和发现其中的矛盾，并且观察对手何时能够实施新的战略。

7. 优势和劣势

人们经常为企业作 SWOT 分析，因此优势、劣势分析的方法不再赘述。但这里想强调的是，作竞争对手分析一定要建立在客观的基础上，尽量减少主观愿望对竞争对手分析的影响，不能过分强调对手的优势，也不要主观臆断地扩大对手的劣势，结果会使分析失去它的客观性，并造成决策失误。例如，一家美国企业多年对其主要竞争对手作跟踪分析，结论是有几家对手已经濒临倒闭。几年后，该企业发现这些对手们依然与之抗衡，而且还在发展。可见这个分析结论已经毫无意义。

8. 企业经营哲学

企业的管理风格和方法也会对其战略和经营行为产生影响。例如，企业总部在整个企业组织结构中的角色定位如何（母子企业制还是事业部制）？竞争对手在企业集团中所处的位置如何？是主导地位还是一个次要的随从位置？总企业对其业绩如何判断？其财务原则对其产品成本产生怎样的影响？CEO、总经理的管理风格如何？这些都与企业的经营哲学有关。这些问题不仅针对那些从属于一个大企业集团的竞争对手而言，而且也适用于那些单一企业，他们的经营哲学同样也会受到企业组织结构和管理风格的影响。因此，进行竞争对手分析，对其经营哲学的了解和分析也必不可少。

9. 人力资源政策

人力资源政策是对企业战略和业绩产生影响的重要方面。例如，较低的薪酬水平会对企业吸引和留住优秀人才造成困难，也会影响企业的经营绩效和实现长远的目标。因此，除了薪酬制度外，了解竞争对手员工的质量和资历水平，为员工提供的培训机会和职业生涯规划等信息都是要调查的内容。

10. 关键成功因素

首先，应该对本企业在行业中所处的位置作关键成功因素分析并评分（0～10分），它将作为与竞争对手作分数对比时的常数；然后，用同样的方法将每个竞争对手的关键成功因素进行评分。关键成功因素指数是每个对手的分值除以本企业分值的商数。该指数可以作为本企业与其他竞争对手实力对比分析时的参考值。要完成这项分数评定和指数判断要求参与者进行深入的分析和思考，最好组成一个专门工作小组，而不要由某一个人来完成。

竞争对手信息采集分析系统的应用是建立它的目的和关键。首先，该体系能够系统地搜集、记录和分析竞争对手的资料信息，并且保持不断更新状态。为了很好地利用该系统，企业必须成立一个由高级经理层组成的专门小组，定期对系统中的信息进行分析和研究。在企业制定发展战略时，除了进行必要的行业分析外，竞争对手信息采集分析系统将成为企业决策层制定战略的重要辅助工具。利用它，决策者可以对竞争对手实际采取的竞争行为与自己预计其要采取的行为加以对比，并且提示决策层对竞争对手的哪些行动加以重点关注。不言而喻，这些信息应该是企业机密，绝对不能落入竞争对手的手中；否则该系统将成为竞争对手施放虚假信息的目标。

四、竞争对手分析方法

信息资料具备之后，进行竞争对手分析成为该系统应用的重要环节。竞争对手分析与一般企业分析基本一样，只是分析的主体是竞争对手，所用的分析工具也较为常规，下面简单介绍两种用于竞争对手分析的方法。

1. 价值链分析法

迈克尔·波特指出："要诊断一个企业的竞争优势，需要确定它在特定行业竞争中的价值链。"他还认为，不从整体去审视一个企业，是无法理解其价值链的。价值链产生于企业中各自独立运作的业务活动之中，如产品的设计、生产、市场营销、送货和支持活动等。所有这些经营活动都会对企业产生相应的成本并且为相互的差异建立基础。他认为，一个企业应该有五种工作范畴，即内部物流、生产运作、外部物流、市场开发和销售以及服务。这五个方面的工作无论哪一个都有很大的潜力为客户提供各自的价值，并帮助企业建立竞争优势。因此，进行价值链分析，无论是对自身企业的分析还是对竞争对手的分析，首先应检查企业在这五个方面所涉及的工作流程，确定成本发生在哪里，什么能为客户创造价值。客户可能看不到它们的运营成效，但是它们无疑也在创造和消耗着企业的价值。例如，一个航空企业对机组人员综合培训的价值并不会直接从培训中体现出来，而是从客户对机组服务的感受以及机组人员的服务行为和质量中体现出来；相反，一个培训机制不健全的航空企业，机组的服务水平差，客户的评价就差，结果乘客少了，企业的绩效自然不好。可见，价值链存在于每个企业。认识到这一点并且去积极地建设它，是企业创造竞争优势的一个有效方法。因此，作竞争对手分析时，深入理解竞争对手的价值链，是企业制定竞争战略的一个有益和有效的方法。

2. 标杆法

标杆法经常用于竞争对手分析中的经营业绩标准的评价。标杆法是察看一个企业取得比另一个企业更好的绩效时所采用的流程，以及将彼此的绩效进行比较的方法。标杆法包括如下要素：

（1）确定标杆的内容是什么。

（2）确定把谁作为标杆。

（3）对本企业关心的方面作研究。

（4）对作为标杆对象的企业的相关方面作研究。

（5）把研究结果进行对比分析。

（6）制定企业自身的改进方案。

标杆法的应用主要侧重于企业运作流程层面，主要方法是将本企业尽可能多的业绩指标与竞争对手的业绩指标进行对比分析。当然，对手业绩指标的获得是采用该方法的关键。通常可以从行业协会或其他行业出版物和统计部门的公开资料中获得。也可以通过专门的市场调查获取资料。可以对竞争对手的某服务项目作市场调查。例如，对他们从客户订货到送货上门的时间周期长短作调查；对产品售后服务时上门维修工程师的服务水平作调查；对向客户开放的服务门店作调查，如对超市收款台或银行柜台前高峰时段客户排队等候时间、排队长短作调查等。

标杆法是许多世界著名企业经常使用的竞争对手分析方法，也是企业培养竞争优势的有效方法之一。同时，这种方法也能完全用于企业内部流程各环节的业绩对比和评估。例如，一个跨国企业在不同国家开展同样的业务，因此在这个企业内部也可以设立一个标杆单位，作为其他相同业务的单位效法的标杆。这样做可以在企业与外部竞争对手进行标杆法对比之前建立信心。

在某些情况下，企业可能找不到一个合适的竞争对手作为标杆对象。那么也可以采取以下办法：与一个同本企业没有竞争关系的其他地区或外国企业进行标杆法研究对比。例如，北京一家公共交通企业可以把上海一家同等规模的公共交通企业作为标杆对象进行对比研究；荷兰的一个发电企业可以与日本或美国的同类企业作对比研究；中国的一家医药连锁店可以与美国或英国的医药连锁店在某些业务和服务环节上进行标杆法的对比研究。

由于标杆法主要侧重于企业的业务流程层面，因此，在不同行业但操作流程类似的企业之间也可以进行标杆法比较研究。同一行业中的企业可能在某些运作流程方面处于领先位置，但另一些流程环节可能不如其他行业的企业先进，因此行业之间相互学习是非常必要的。

总之，将标杆法应用于竞争对手分析，目的不是复制对手的某些管理和操作程序，而是将别人好的解决方案和经验借鉴到本企业的经营管理环节中并加以改善，其最终目的是进一步加强本企业的竞争优势。

五、企业进行竞争对手分析应该注意的问题

企业要做好竞争对手分析的工作，为企业制定战略提供充分的依据，除了掌握一些常用的分析方法以外，还要注意以下三个方面的问题：

1. 建立竞争情报系统，做好基础数据的收集工作

要对竞争对手进行分析必须有一个基础来作为保障，这个基础就是竞争情报的系统和竞争对手基础数据库。

竞争情报系统包括竞争情报工作的组织保障、人员配备以及相应的系统软件支持、竞争情报各方面的内容。只有建立了竞争情报的系统，才会将竞争对手的监测和分析变成一项日常的工作，才可能及时地掌握竞争对手的动态，为企业决策提供及时的信息。

同时，竞争对手基础数据库的建设非常重要。现代企业的决策强调科学性和准

确性，更强调基于事实和数据的决策。只有建立了完善的竞争对手的数据库，对于竞争对手的分析才不会成为空中楼阁，才可能落到实处。

2. 建立符合行业特点的竞争对手分析模型

不同的行业有不同的特点，如有的行业关注投资回报率，有的行业更关注市场占有率。同时，行业所处的阶段不同，关注的焦点也会不一样。所以，企业有必要建立符合自身行业特点的竞争对手分析模型，绝对不能照搬照抄。

3. 加强竞争对手分析的针对性

对竞争对手的分析，每一项都应该有其针对性。有的企业在对竞争对手进行分析的时候，往往把所能掌握的竞争对手的信息都罗列出来，但之后便没有了下文。所以，这里要明确对竞争对手分析的目的是什么。按照战略管理的观点，对竞争对手进行分析是为了找出本企业与竞争对手相比存在的优势和劣势，以及竞争对手给本企业带来的机会和威胁，从而为企业制定战略提供依据。所以，对于竞争对手的信息也要有一个遴选的过程，要善于剔除无用的信息，避免工作的盲目性和无效率。

【案例 1—3】 NIKE 和 ADIDAS 的品牌之争

一、分析框架及市场基本状况

迈克尔·波特在其经典著作《竞争战略》中，提出了行业结构分析模型，即所谓的“五力模型”，他认为：行业现有的竞争状况、供应商的议价能力、客户的议价能力、替代产品或服务的威胁、新进入者的威胁这五大竞争驱动力，决定了企业的盈利能力。对比这五种力量的作用，来分析一下美国运动鞋企业的竞争状态。

第一，运动鞋领域存在较高的进入门槛。美国运动鞋产业由“不用工厂生产”的品牌型企业组成，大企业在广告、产品开发以及销售网络、出口方面都更有成本优势。更重要的是，品牌个性与消费者忠诚度都为潜在的竞争者设置了无形的屏障。

第二，供应商的议价能力较弱。因为大多数运动鞋产业的投入都是同质的，特别是在 NIKE 发起了外购浪潮后，其超过 90%的生产都集中在低工资、劳动力严重供过于求的国家。

第三，运动鞋的终端消费者在意价格，同时对时尚潮流更加敏感，但是对于企业的利润率并没有极为负面的影响。因为，如果存在利润的减少，那么这将通过降低在发展中国家的生产来弥补。此外，大多数品牌在产品差异化方面很成功，这阻止了购买者将品牌同不断转换的品牌形象联系起来。

第四，运动鞋替代品不足。因为其他鞋类不太适宜运动，所以现在还没有运动鞋类的完全替代产品。

第五，新进入者的空间较小。美国运动鞋市场被看作具有挑战性并已饱和，充满激烈的竞争且增长缓慢，因此，对于新进入者只有很小的空间。NIKE、ADIDAS 和 REEBOK 这些主要品牌抢占了超过一半的市场份额并保持相对稳定。

通过分析可以看到，一方面，这是一个令人垂涎的市场，不过门槛很高，有较低的供应商议价能力，适度的购买者议价能力并且没有知名品牌的替代产品，很难挤出利润；另一方面，当除了高度市场集中但没有任何垄断力量时，区域里的竞争十分激烈。因此，在这个竞争环境中，独立企业的超常利润的持续性在很大程度上依靠其策略。

二、NIKE 和 ADIDAS 的市场地位

1. NIKE 的领导地位

NIKE 起源于 1962 年，由菲尔·耐特首创，当时命名为“蓝丝带体育”，20 世纪 70 年代正式更名为 NIKE。1980 年初步超过 ADIDAS 在美国运动鞋业内坐上了头把交椅。从那时起，NIKE 开始实行积极进取的市场活动，签约顶级运动员，并创造了“只管去做（Just Do It）”这一口号。

NIKE 将它的运动鞋定位为具有创新设计与技术、高价位的高品质产品。NIKE 凭借丰富的产品类型以及杰出的设计，2000 年占据了超过 39%的美国运动鞋市场，几乎是 ADIDAS 市场份额的两倍。

从 20 世纪 70 年代开始，NIKE 就从一家产品导向的企业逐渐转变为一家市场导向的企业。它在全球范围内运营，在企业内部设计高技术和高品质的产品，在低成本的国家生产，再成功地通过营销建立起作为青少年亚文化标志的品牌。NIKE 的独特资源包括专利产品和商标、品牌声誉、企业文化和企业独特的人力资产。

为了分析 NIKE 如何在其资源和实力的基础上发展成竞争优势，下面从生产、销售、市场营销几个方面分析其价值链。

（1）在生产环节上，从 20 世纪 70 年代以后，NIKE 把制造环节外包给很多亚洲国家。外包使 NIKE 获得了廉价的劳动力，并从供应商那里得到大量折扣。而且，外包使客户能更快从市场获得新产品，减少资本投入的风险。

（2）在销售上，这种“期货”下单计划允许零售商提前 5～6 个月预先定下运输保证书，保证 90%的订货会以确定的价格在确定的时间运到。这个策略成功地将存货减少到最少，并缩短了存货的周转。现在，NIKE 有三种销售渠道，即零售商、NIKE 城以及电子商务。NIKE 城建立于 20 世纪 90 年代，展示 NIKE 最新或最具创意的产品系列，在主干道上做广告，NIKE 城与其说是一个销售渠道，不

如说是一个营销手段。电子商务始于 90 年代的 Nike. com，NIKE 也允许其他网络企业销售其产品。电子商务策略使 NIKE 重新打通了与消费者之间的直接联系。

（3）市场营销作为 NIKE 的核心竞争力之一，不仅是做广告，更是吸引并留住客户。NIKE 营销团队采用的市场策略始终反映公众意见。在 20 世纪 80—90 年代的大部分时期，专业运动员被像英雄一样崇拜，因此 NIKE 投入大量资金，请成功的、富有魅力的知名运动员为产品代言。例如，当迈克·乔丹 1984 年加入 NIKE 团队，“像迈克一样”就成为切合了人们对迈克·乔丹仰慕之情的口号。而当乔丹 1999 年退役时，NIKE 无法找到一个运动员可以代替他的位置，因此，NIKE 转向一个名为“Nike Play”的新活动，这个活动由展示个人成就、鼓励所有人参与的系列短片组成。我们可以看到，市场策略要随着消费者的喜好而变。对市场变化作出快速反应，正是保持 NIKE 在鞋类市场的核心竞争力的法宝。

2. ADIDAS 扮演的挑战者角色

“为每位运动员提供最好的鞋”，在这个简单而又雄心勃勃的理念的鼓励下，20 多岁的阿迪·德斯勒开始做鞋，终于在 1948 年建立起一家名为“ADIDAS”的企业。企业生产大量各式各样的高品质运动鞋，最终在 20 世纪 60 年代，成为全世界所有著名赛事的首要运动鞋供应商。60 年代后期，ADIDAS 在运动鞋业内稳坐头把交椅。但是，进入 70 年代，ADIDAS 没有意识到平民运动已经成为一种潮流，还是专注于专业运动鞋。由于对销售预期的误判和对市场竞争状况的低估，ADIDAS 的地位受到了挑战，最后在 70 年代后期被 NIKE 取代。

1997 年与 salmon 联合之后，1998 年到 2000 年 ADIDAS 重建了其市场。其销售份额紧随 NIKE 之后，稳居第二的市场位置。不过，在 2002 年企业的市场位置又跌至第三，比起 NIKE 40.6%的市场份额，它仅有 11.8%，2003 年依然保持此位置。

从 ADIDAS 的历史来看，它是第一家发起生产外包的鞋类企业。他们的生产企业分布于中国、越南以及拉丁美洲。现在他们的供应链利用 3 种不同的供应商类型，包括承包商、下级承包商和本地原料企业。他们的外包策略对团体的成功至关重要，并被整个领域效仿。这种策略可以转移风险，降低劳动力成本并可将主要精力集中到 ADIDAS 的核心策略：市场营销和研发上。

市场营销是 ADIDAS 的两个核心策略之一。1997 年，ADIDAS 宣告收购了所罗门企业，组建成为世界领先的体育用品集团企业之一，企业具有突出品牌的股份。这两家企业在产品和地域协调上互为补充。所罗门在北美和日本表现特别强劲，这对ADIDAS提高在美国的市场份额很有帮助。他们重新聚焦、重新定位ADIDAS品牌以全面发掘它的市场潜力。ADIDAS始终坚持邀请名人作产品代言人，并赞助体育联赛。科比·布赖恩特、安娜·库尔尼科娃以及贝克汉姆都是ADIDAS旗下的超凡的天才。在巴塞罗那奥运会、欧洲足球冠军杯赛、法国足球世界杯、美国女子足球世界杯等赛事上，ADIDAS总是最大的赞助商之一。

除了市场营销，研发是ADIDAS的另一个核心策略。他们建立了一个新的技术创新团队，每年至少投放一个大的创新。2003年，ADIDAS建立了“大众定制”系统，可以根据客户脚的不同情况、个人喜好和要求设计特别的鞋，领先者的优势使ADIDAS在这一领域处于第一位。

三、各自的市场策略

1. ADIDAS如何挑战领导者

ADIDAS在研发方面有着非凡的能力，它需要的是更加以客户为导向的营销策略。即使ADIDAS和NIKE可以相互模仿，它们也应该在有效的执行和协调方面尽量区别于对方。当NIKE的营销和研发队伍更多关注北美消费者的需求时，ADIDAS主动开始塑造自己的市场区隔。因为从两者的整体业绩来看，ADIDAS的总资产回报率和NIKE是非常接近的，这就意味着从长期来讲，ADIDAS完全有潜力与NIKE一较短长。

(1) 产品实施本土化

作为一个德国的体育运动品牌，ADIDAS应该把它在美国市场上投放的鞋类产品“美国化”。欧洲人喜欢的产品不一定符合美国人的胃口。ADIDAS应该招纳和培养那些真正了解并且能够预测这个充满活力的市场的人才。这是一种无法模仿的资源。然后就可以根据这些预测的结果来重新塑造市场区隔，这样一方面满足了美国消费者的需求；另一方面也保证了在这个细分市场上有独到的优势。美国人更强调个人化，所以在广告方面，ADIDAS应该把它的形象塑造得更加个性化，而且要减少明星的使用。

(2) 巩固质量优势，完善产品系列

一个企业选择怎样的战略决策依赖于它过往所走的路径。从这方面考虑，因为ADIDAS长期以来就以其严格的质量控制体系而著称，这个体系保证了ADIDAS产品的高质量，所以，这一传统应该保持并且进一步弘扬。还有，在重夺全球霸主地位的战略企图的驱使下，ADIDAS应该设计能够赢得所谓“动态效率”的新战略。尽管ADIDAS已经建立了它的补充产品市场，但它还可以通过强化“网络效应”来超越NIKE。比如说，ADIDAS可以设计全系列的运动服、帽子、围巾和手提包来与其运动鞋配套。

（3）发挥专利优势

NIKE和ADIDAS也可以说是一场“专利竞赛”的两个对手。ADIDAS应该密切关注NIKE的研发投入。另外，在关注欧洲本土市场的同时，因为美国对ADIDAS来说是一个海外市场，所以，企业应该通过把更多的个性化元素引入其未来的产品设计以促进产品的本土化。

（4）借鉴NIKE的订货与分销战略

NIKE的未来订货项目帮助企业迅速地成长。ADIDAS应该与它的零售商一起实施类似的订货系统来学习这一战略，这样能够将其库存保持在一个最优的水平。不过，ADIDAS也必须认识到这一机制的成功运作是以许多条件为基础的，比如准确的销售预测，市场的强劲需求等。另外，与NIKE相比，ADIDAS在电子商务领域做得不够成功。要想打赢这场商战，至关重要的就是ADIDAS必须向NIKE学习授权专业的电子商务企业来运作其在线销售。

2. NIKE如何维护统治地位

（1）保持在本土市场的竞争力

ADIDAS在美国市场上经营是非常有挑战性的，但爱国的美国消费者很可能会倾向于本国产品而不是进口货。NIKE在本土管理实践、组织架构、公司治理以及本土资本市场的掌控方面都有优势。如果它们在白热化的本土竞争当中都能生存，它们在国际市场上就会更有竞争力。为了维护它在美国运动鞋市场的统治地位，NIKE应该持续地专注于它的核心竞争力：营销与研发。在已有的高度的消费者忠诚度、品牌意识和庞大的市场份额基础上，他们还必须在不断开发新产品的同时保持他们的品质标准，实施有效的营销方案以回应市场的变化。

（2）隔离机制

即使ADIDAS可以模仿NIKE的战略，他们也不能简单地复制NIKE的那些有企业专用性的竞争手段，比如说专利、品牌和人力资本。NIKE可以通过提供丰厚的薪酬来留住它的骨干员工，提升他们对企业的忠诚度，以此来保护企业的人力资本。至于产品模仿，NIKE可以采取法律手段，比如说产权、特许权和专利方面的有关规定。但是他们也必须意识到：“保护知识产权并不是要把产品、流程和技术都模式化，在开放的竞争中最好把它们都看作是大海之中散布的岛屿（意即只露出一角而已）。”如果企业的秘密根本就没有机会暴露在竞争对手有可能接触的环境中，那岂不是更安全？另外，依靠已有的品牌声誉和市场规模，NIKE在获取资源和消费者方面显然比竞争对手有太多的优势。还有就是，NIKE的独特能力很多时候都包含着一些只可意会不可言传的隐性知识（tacit knowledge），很难为外人所理解。这些东西是它独特的企业历史积淀下来的，而且根植于复杂的社会变迁过程之中。

（3）路线与时俱进

NIKE 和 ADIDAS 相比，历史要短很多，它拥有的是以客户为导向的营销和产品。而且 ADIDAS 现在面临销售滑坡，NIKE 正好利用这个领先优势加大对 NIKE 鞋的投入。因为消费者期望值很高，再加上它雄厚的财力和能力，这个市场前途无量。相反，ADIDAS 正处在企业第二个生命周期，它正在为提升市场份额而打拼，后面还有虎视眈眈的 REEBOK。因为路径依赖的缘故，ADIDAS 继承了它以往的产品路线，适应比较广泛的市场人群。这一战略是否真的能够为它赢得更广泛的客户基础呢？没有这个战略他们会不会做得更好呢？很难说。路径依赖会约束一个企业的战略选择，限制它的机会。事实上，一个企业要迅速改变它的路线很难，但是如果它想在竞争中生存，在迅速变化的环境面前它的路线也必须与时俱进。总之，作为市场领导者的 NIKE 必须避免平庸、保持创新，这样才能永远屹立于竞争的巅峰。

第 2 节　客户服务组织体系设计

学习目标

- ➢掌握客户服务组织设计的原则
- ➢掌握客户服务部门设计的步骤
- ➢了解客户服务部门工作岗位分析的程序
- ➢熟悉客户服务部门的职能

知识要求

一、客户服务部门组织设计

设立客户服务组织应该注意以下关键点：客户服务部门的设立必须与整个企业

的工作效率结合起来；尽可能把客户服务部门设置在靠近被服务的客户所在地；注意客户服务部门的社会化趋势。

1. 客户服务部门组织结构设计原则

（1）分工协作的原则

客户服务部门职位之间应该是分工协作的，各岗位应以客户为中心，分工要明确，如客户关系维护专员、大客户管理专员、客户信息管理专员等。

（2）统一指挥的原则

客户服务部门要服从统一指挥的原则，要在本部门的总体发展战略指导下工作。各岗位人员要按照董事会的方针进行工作，在客户服务经理的统一指挥下工作。

（3）合理管理幅度的原则

客户服务部门的每一个职位、每一个专员都要有一个合理的管理幅度。管理幅度太大管不过来，管理幅度太小可能没有完全发挥出作用来。所以，在设计部门组织结构时，要制定合理、恰当的管理幅度。

（4）责权对等的原则

客户服务部门设置的职位还应授予一个对等的权力。如果没有对等的权力，则无法完成这些职责。所以责和权之间应该是对等的。

（5）集权和分权的原则

客户服务部门在整个部门组织结构设计的时候应确定集权与分权的范围，集权和分权控制在合适的水平上，既不影响服务工作效率，又不影响服务人员的积极性。

（6）执行职位与监督职位分设的原则

客户服务部门执行职位和服务质量监督职位应分设，也就是通常所说的不能既当裁判员又当运动员。执行和监督不能放在一起。

（7）协调有效的原则

在客户服务部门组织方案设计后，各服务岗位内部协调应该很有效。避免在岗位设置后出现运营机制效率低下的现象。

2. 客户服务部门组织结构设计步骤

（1）客户服务部门工作岗位设计

客户服务部门工作岗位应根据专业化分工原则，按服务工作职能进行划分。

（2）客户服务部门管理层次及管理幅度设计

1）管理层次和管理幅度是决定组织结构的两个重要参数，而且管理层次与管理幅度是密切相关的。

2）客户服务部门的组织结构应是一种梯形结构，即由客户服务经理负责指挥机构。

3）根据管理的需要，客户服务部门从上到下设有若干指挥和管理层次。这些层次之间是一种隶属关系，从而形成职权上的等级链。

4）在客户服务部门组织规模一定的情况下，如果不考虑其他因素，则客户服务部门的管理幅度越大，管理层次就越少，否则管理层次就越多。

（3）客户服务部门领导职位规定

客户服务部门领导职位在部门和层次结构设计出来以后方能确定。规定领导职位就是明确其在客户服务部门的等级地位，客户服务经理是这个组织层次的一把手。

（4）规章制度的制定与关系协调

客户服务部门设计的最后一项工作就是解决组织中各个服务岗位、各个服务环节和各项服务活动之间的协调问题。客户服务部门在运行时，各个职位之间存在着大量的、复杂的相互关系。这些关系中既有相互制约的又有相互依存的。由于主观和客观原因，在客户服务部门运行过程中发生这样那样的矛盾是不可避免的。这些矛盾归根结底是责任和权力的矛盾。解决矛盾的有效办法是通过制定各种规章制度进行协调。规章制度包括两个方面的内容：一是服务过程中必须遵循的原则和法则；二是服务过程中应遵守的服务准则和达到的标准。

3. 客户服务部门工作岗位分析的程序

客户服务部门工作岗位分析是对服务工作的全面评价过程，这个过程可以分为四个阶段：准备阶段、调查阶段、分析阶段和完成阶段。这四个阶段关系十分密切，它们相互联系，相互影响。

（1）准备阶段

准备阶段的主要任务是了解情况，确定样本，建立关系，组成工作小组，进行以下具体工作安排：

1）明确服务工作分析的意义、目的、方法、步骤。

2）向客户服务人员宣传、解释活动的目的。

3）与客户服务人员建立良好的人际关系，并使他们有充分的心理准备。

4）组成客户服务工作分析小组，以精简、高效为原则。

5）确定调查和分析对象的样本，同时考虑样本的代表性。

6）把各项工作分解成若干工作元素和环节，确定工作的基本难度。

（2）调查阶段

调查阶段的主要任务是对整个服务工作过程、服务工作环境、服务工作内容和服务人员等主要方面作一个全面的调查，进行以下具体工作安排：

1）编制各种服务工作调查问卷和提纲。

2）灵活运用各种调查方法，如面谈法、问卷法、观察法、参与法、关键事件法等。

3）广泛收集有关服务工作的特征以及需要的各种数据。

4）重点收集服务人员必需的特征信息。

5）要求被调查的对象对服务工作特征和服务人员特征的重要性和发生频率等作出等级评定。

（3）分析阶段

分析阶段的主要任务是对服务工作特征和客户服务人员特征的调查结果进行深入全面的分析，有以下具体工作安排：

1）仔细审核收集到的各种信息。

2）创造性地分析、发现服务工作和服务人员的关键因素。

3）归纳、总结出服务工作分析必需的材料和要素。

（4）完成阶段

完成阶段是岗位分析的最后阶段，前三个阶段的工作都是为达到此阶段目标作铺垫的。此阶段的任务就是根据规范和信息编制“工作描述”和“工作说明书”。

二、服务组织部门职能界定

1. 对内职能

客户服务工作的核心价值就是通过提供完善、良好的服务，帮助客户发现和解决出现的问题，保持和不断提升客户对企业的满意度，提升企业品牌知名度和美誉度，提高重复购买率，从而不断地为企业创造商机。

（1）客户服务部门负责制定客户服务原则与客户服务标准，协调和沟通企业各部门之间的工作等，为客户提供优质服务。

（2）客户服务部门负责新客户服务人员的岗位业务培训以及客户服务人员的服务业务考核等工作。

（3）客户服务部门负责制定各种标准的业务工作流程，并对客户服务人员进行流程培训，使其熟悉并掌握各种工作流程，提高客户服务人员的工作效率。

（4）客户服务部门负责详细记录客户的基本情况和需求情况以及所提意见、建议的次数及内容，并进行分类、分项统计。

（5）客户服务部门负责归集业务系统信息，把握业务系统总体情况，不断提高业务的管理水平和工作效率，提高客户满意度。

（6）客户服务部门负责归集其他企业的客户服务资料并进行分析、整理和学习。

（7）客户服务部门负责为企业的产品、设备提供强有力的售后服务保障。

（8）客户服务部门负责定期向企业的有关领导和相关部门通报客户意见、建议，提出合理的解决方案供领导参考。

2. 对外职能

在产品同质化日趋明显的今天，企业之间的竞争已经从产品的竞争转向服务的竞争。企业只有在客户服务上深入研究，加大投入，不断为客户提供超值服务，努力提高客户满意度，才能建立和保持自己的竞争优势。

（1）客户服务部门负责收集和整理企业的产品或服务使用后的客户反馈信息，为企业相关部门改进产品或服务质量提供可靠的依据。

（2）客户服务部门负责进行客户信息调查和管理，尤其是客户的信用状况调查和管理，并对收集的客户信息进行整理和归档，建立有用的客户信息库。

（3）客户服务部门负责受理和处理客户投诉，调解企业与客户的纠纷，提高客户满意度，维护企业的信誉和形象。

（4）客户服务部门负责收集客户的提案和建议，并对客户的提案进行审核、评估和实施，为企业未来的发展提供各种宝贵建议。

（5）客户服务部门负责提出并执行企业的售后服务措施，制订、修改和实施相关售后服务标准、计划与政策，是企业售后服务工作的具体指导和监督部门。

（6）客户服务部门负责设立服务咨询窗口，为客户提供咨询服务，帮助客户发现和解决有关产品使用过程中的各种问题，促进企业与客户的有效沟通。

（7）客户服务部门负责企业网站信息的更新和维护工作，保证企业网站信息流动的及时性、有效性和准确性。

（8）客户服务部门负责开通服务热线，向客户提供全天候服务，定时电话访问、定时配送、定时回访客户。

三、客户服务的组织结构

客户服务的组织结构是企业全体职工为实现企业目标，在管理工作中进行分工协作，在职务范围、责任、权力方面所形成的结构体系。

完善的客户服务组织结构能充分达到管理的目的及提高绩效；企业的生存和发展在某种程度上来说取决于企业客户服务组织结构的优化或提升；有了明晰的客户服务组织结构，企业中的各个管理职能才能有效地发挥应有的作用。近几年来，无论是中小企业还是大中型企业（包括集团化企业）都分别提出了组织结构扁平化的概念，当然在实际操作过程中意味着要精兵简政，进行企业资源的合理配置，缩小级别差以达到上传下达的流畅和无障碍。这样做的优势是能立即响应事件，快速作出决策以达到最佳效率。

1. 客户服务组织架构的内容

客户服务组织架构包含以下三个方面的内容：

（1）单位、部门和岗位的设置

企业组织单位、部门和岗位的设置，不是把一个客户服务组织分成几个部分，而是客户服务组织作为一个服务于特定目标的组织，必须由几个相应的部分构成，就像人要走路就需要脚一样。它不是由整体到部分进行分割，而是整体为了达到特定目标，必须有不同的部分。这种关系不能倒置。

各个单位、部门和岗位的职责、权力的界定是对各个部分的目标功能作用的界定。如果一定的构成部分没有不可或缺的目标功能作用，就像人的尾巴一样会萎缩消失。

（2）单位、部门和岗位角色相互之间关系的界定

这就是界定各个部分在发挥作用时彼此如何协调、配合、补充、替代的关系。这三个问题是紧密联系在一起的，在解决第一个问题的同时，实际上就已经解决了后面两个问题。但作为一大项工作，三者存在一种彼此承接的关系。要对组织架构进行规范分析，其重点是第一个问题，后面两个问题是对第一个问题的进一步展开。

（3）客户服务组织架构设计规范的要求

对于这个问题，如果没有一个组织架构设计规范分析工具，就会陷入众说纷纭、莫衷一是的境地。客户服务组织架构设计规范化，也就是要达到客户服务内部系统功能完备、子系统功能担负分配合理、系统功能部门及岗位权责匹配、管理幅度合理四个标准。

2. 客户服务组织结构的模式

根据企业规模不同，企业的客户服务组织结构不尽相同，下面是中小型企业和大型企业两种客户服务组织结构的模式，如图 1—2 和图 1—3 所示。

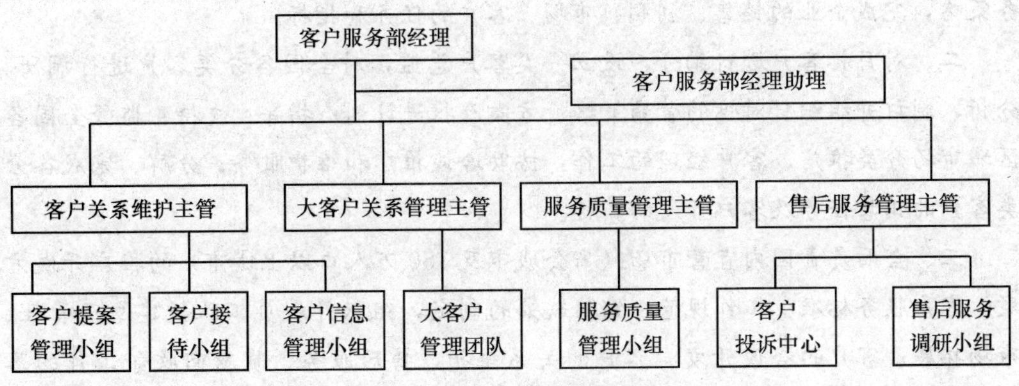

图 1—2　中小型企业客户服务组织结构

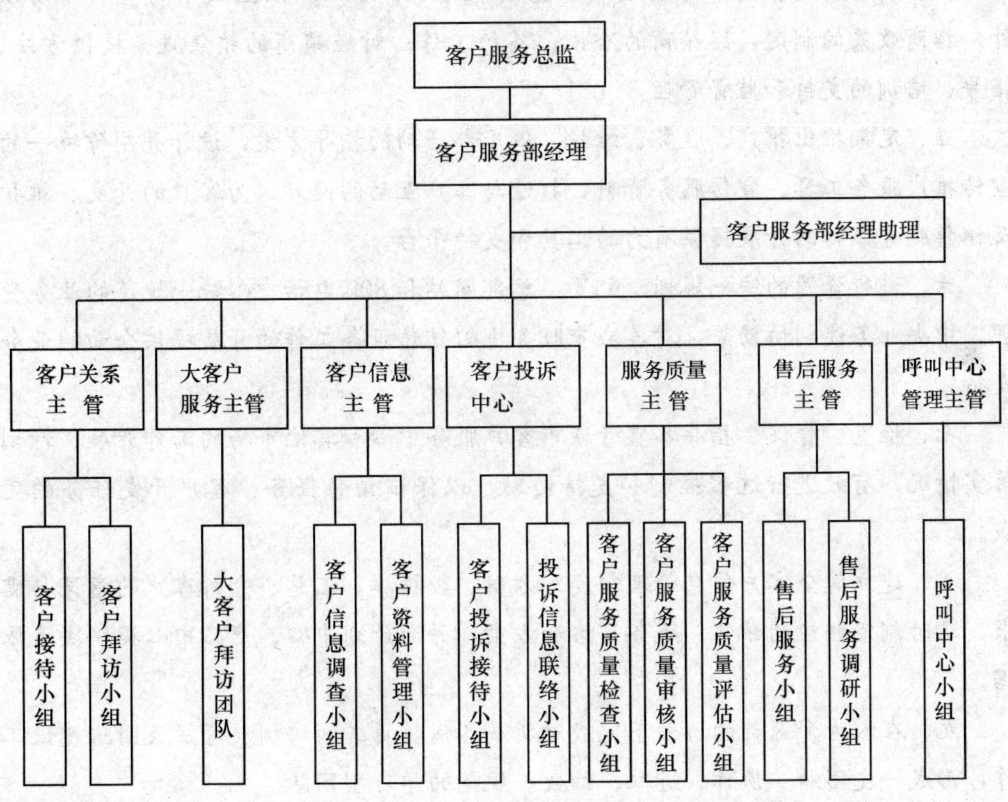

图 1—3　大型企业客户服务组织结构

【案例 1—4】　国内某企业客户服务中心组织架构及岗位职能

第一章　客户服务中心职能综述

一、根据企业的战略目标，确定国内的市场行动计划、目标分解方案、销售服务策略，完成企业的销售、利润、市场、客户的任务和指标。

二、对目标客户进行细分，设立分类客户总监，对全国各分类客户进行调研、分析，制订并组织针对性的营销策略、方案及推进计划；指导、支持、监督全国各区域市场分类推广、客户经理的工作，协助洽谈推广和维护服务；分解、完成各分类客户的销售任务及客户开发的指标。

三、全面负责国内直营市场（省会城市及150万人口以上城市）的推广开发方案、客户服务标准、工作规范、销售政策的制定，组织开展员工队伍建立及管理、市场拓展、客户的洽谈开发、客户的关系维护、售后服务、货款回收等工作的落实。

四、负责全国招商市场区域（省会城市及150万人口以上城市的直营市场以外）招商政策的制定，经销商的洽谈、签约工作；对经销商的销售服务提供方法、指导、培训的支持和监督管理。

五、定期推出推广、服务、维护、俱乐部活动的指导方案，设计并制作统一的宣传推广服务工具、宣传服务资料，打造与客户互动的网站，为客户的开发、维护及销售服务工作的开展提供有力的工具和支持平台。

六、进行资源的统一规划、配置，总部网站和800电话中心统一规范的业务受理、中央业务谈判协助等，对各城市服务中心销售服务工作的开展提供全面的业务支持。

七、检查、督促、指导各直营城市客户服务中心和其他市场的工作开展、计划落实情况，有效进行过程控制和支持协助，以保证销售任务、客户开发任务的完成。

八、建立健全客户信息管理制度、方案、数据库，汇总、分析客户的意见与需求，及时制定相应的销售、服务策略和方案，并为计划中心、产品中心提供决策依据。

九、在人力资源部的协助下完成对所属各岗位员工的培训、考核及团队建设工作，形成一支团结、协作、进取、细致、规范的学习型团队。

十、协助计划管理中心制定产品策略、价格策略，并提供相关的市场调研信息和及时的行业同类产品信息。

第二章　国内客户服务中心总部组织架构

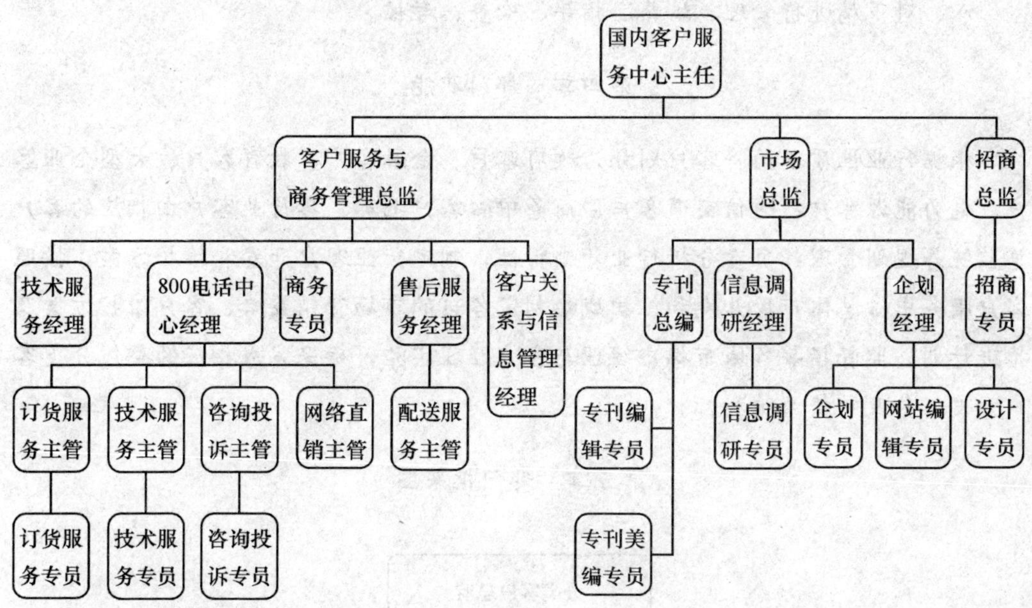

第三章　国内客户服务中心主任岗位职能

直接上级：事业部总经理。

直接下级：客户服务与商务管理总监、市场总监、招商总监、各分类客户总监、各城市客户服务中心主任。

工作职责：

一、根据各区域市场的发展和企业的战略规划，制订总体销售计划及目标，制定全年、季、月销售费用的预算，并审核、控制各城市客户服务中心的费用计划及执行情况，完成企业下达的销售指标和利润指标任务。

二、审核确定整体的推广开发方案、客户服务标准、实施规范、销售政策，并组织实施与落实，对事业部总经理汇报和负责。

三、审核批复各总监、各直营城市客户服务中心总经理的方案、计划，并监督执行。实行有效过程控制、日常管理和考核，以保证计划的完成。

四、对人员、宣传物料、专刊、网站相应栏目空间等资源进行统一规划、配置，对各城市服务中心销售服务工作的开展提供全面的支持。

五、审核各城市客户服务中心的货物需求计划，批复后转计划管理中心。

六、在人力资源部的协助下进行团队建设，形成一支团结、协作、进取、细致、规范的学习型团队。

七、协助计划管理中心制定产品策略、价格策略。

八、对下属进行管理、培养、指导、检查、考核。

第四章　部门职能

根据行业性质不同将客户划分为政府客户、金融客户、教育客户、大型企业客户、电力能源客户、通信交通客户、商务中心客户七类。各行业客户由相应的客户总监统筹规划管理，负责分析行业营销特性，制定行业客户开发和维护方案，按照客户服务中心总体市场开发和维护战略制定各自的市场营销策略、客户维护方案及推进计划。监督指导各城市推广经理与客户经理实施，确保完成相应的整体分类客户开发任务及销售业绩指标。

第五章　部门框架图

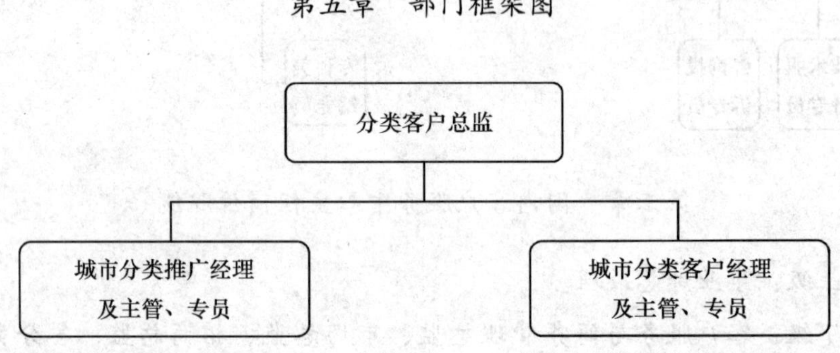

第六章　岗位职责

分类总监岗位职责：

直接上级：国内客户服务中心主任。

直接下级：城市中心分类推广、客户经理。

工作概述：负责各自行业客户的特性分析、营销策略的制定，进行各城市分类目标市场的细分、调研，负责对各类推广与客户人员的规划、管理、调配、支持。核心任务指标为行业客户营销指标完成状况。

工作职责：

一、对目标客户进行细分（政府系统客户、教育系统客户、大型企业客户、金融系统客户、通信交通客户、电力能源客户、写字楼），分解、监督、协助、指导各直营城市客户服务中心的分类客户经理和分类开发经理完成相关的销售任务及客户开发指标。

二、负责全国各分类客户的需求调研、汇总分析、预测评估；根据客户服务中心整体市场销售服务策略和计划制订各分类客户营销策略、方案及推进计划，并组织指导实施。

三、指导、监督全国各区域市场对口分类推广经理、客户经理的客户营销工作；支持、协助推广经理、客户经理与目标客户、潜在客户的洽谈推广和维护服务。

四、参与对重要大客户重要项目的业务洽谈签约及客户维护服务。

五、全国范围内对分类推广人员、客户人员、宣传物料等资源的统一规划、调配和支持。

第七章　工作流程

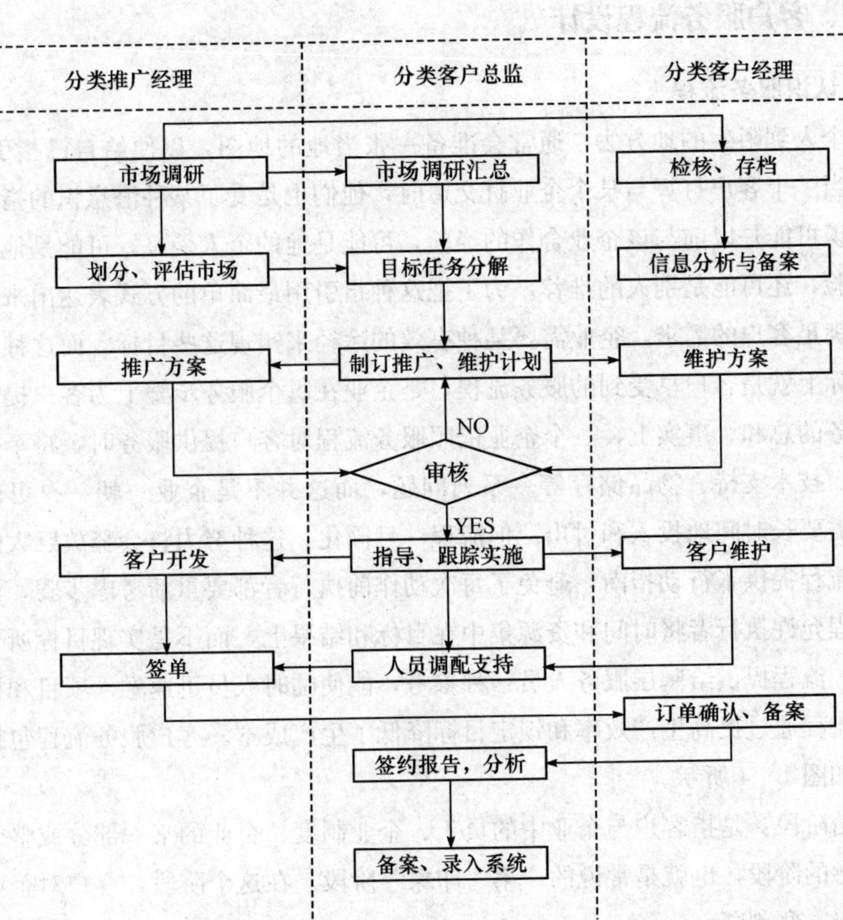

第 3 节　客户服务流程设计

学习目标

➢掌握客户服务流程设计

➢掌握客户服务流程设计考虑的因素

➢熟悉客户服务流程优化的思路和方法

一、客户服务流程设计

1. 认识服务流程

一个人到陌生的地方去，通常会准备一张当地的地图，以便给自己指引方向。同样，当一个客户打算与某个企业打交道时，他们也是受了某种潜意识的指引。这种潜意识可能是以前与该企业合作的经验，可能是他的个人爱好，可能是他的个人生活经验，还可能是别人的推荐。为了把这种指引用最简单的方式表达出来，为了能随时满足客户的需求，企业需要某种有效的途径来实现这些目标。而这种有效的途径实际上就是客户享受到的服务流程，是企业在每个服务步骤上为客户提供的一系列服务的总和。事实上，一个企业依照服务流程对客户提供服务时，将牵涉到人员配置、技术支持、物品储存等一系列问题，而这并不是企业一朝一夕可以做到的，它需要长时间地投入和付出。但流程一旦固化，这种努力将会释放巨大的投资回报。流程提供了行动指南，避免了每次动作前执行者都要重新考虑步骤，浪费精力；流程允许执行者将时间和资源集中在目标和结果上，而不是实现目标所要遵循的过程；流程提供给基层服务人员一种参考，能使临时人员迅速融入项目和操作流程中；流程通过提高生产效率和锁定目标降低了生产成本。客户服务流程包括三个部分，如图 1—4 所示。

起始阶段：是指客户与企业中的员工、企业制度、企业的某一部分或整个企业发生接触的阶段，也就是常说的“第一印象”阶段。在这个阶段，客户对企业会凭经验作出一些判断。

中间过程：随着服务环节的不断推进，越来越多的服务信息堆积在客户的脑海中。

图 1—4　客户服务流程

终结阶段：这个阶段是客户和企业业务关系的终结。客户会根据大脑中的印象对企业的服务作出评价，断定企业的服务是成功的还是失败的。

该流程图只反映了客户的服务体验，但实际上在设计服务流程图的时候，还需要有机地融入企业业绩的扩大、发展的进程、决策的制定、企业的职责、企业的经营活动等内容。这样，才可以帮助企业从客户的角度出发看问题。企业越能从客户的角度出发观察、感受自己的服务，就越容易找到自身需要改进的地方。

在一家企业里会有多个服务流程同时进行。流程数量的多少取决于企业所在行业的性质、买卖商品的类型以及企业为客户提供商品和服务的整个运行过程的繁简程度。例如，某小型计算机企业有两套服务流程，一套是客户到企业的服务流程：客户机器送修—客户服务部打单—维修部维修—客户服务部烤机—客户取机；一套是上门服务流程：客户电话预约—业务接待—工作人员与客户达成共识—上门服务。

2. 服务流程设计应考虑的因素

（1）按照重要的服务环节和步骤编制服务流程图

这不是一项可以花很少时间就可以完成的工作，这与企业的大小、企业的性质等有关。从简单的服务流程图开始，创建各个步骤，并留出空白，便于随时补充、调整和更正。

（2）更新、完善服务流程图

客户希望得到越来越好的服务，所以，要求服务流程图应该是可变的，随着客户的需求和期望的变动而变动，并始终把服务水平保持在一定的标准上。“凡是你不想为赢得客户而努力的地方，都是竞争对手乘虚而入的地方。”

（3）从一线服务人员获得反馈信息

一线服务人员每天都在一线工作，直接、大量地与客户接触，满足着客户的需求，解决客户问题，并不断提高着客户的期望值。他们比企业中的其他人更了解客户需求，更懂得如何为客户提供满意的服务。所以，客户服务管理人员应该像一个流动的“搜集箱”，拿起纸、笔去广泛地收集建议或意见。

（4）以客户的身份去感受服务

客户服务管理人员应以客户的身份去经历整个服务流程，并记录下自己认为重要的东西。以客户的角度对企业的服务作出评价。一些企业会派自己的员工去充当客户，从客户的角度了解和感受企业的服务，从而完善自己的服务流程。

3. 服务流程优化的思路和方法

服务流程优化的方法有两种：系统化改造法和全新设计法。

（1）系统化改造法

系统化改造法是以现有的服务流程为基础，通过对现有流程的简化、整合等活动来完成重新设计的工作。

（2）全新设计法

全新设计法是从服务流程所要取得的结果出发，从头开始设计流程。

这两种流程优化的方式取决于企业的具体情况和外部环境。一般来说，外部经营环境以及企业内部相对稳定时，企业多采取系统化改造法，以短期改进为主；在外部经营环境或企业处于剧烈波动状况时，企业会采取全新设计法，为改变现状、促进长远发展而进行比较大幅度的改进工作。从多数企业的具体情况来说，比较适宜的方式是采取系统化改造法，而且最好用流程图的形式表现出来。

4. 服务流程优化的程序

服务流程优化需要按照一定的程序进行，该程序包括以下步骤：

（1）组建服务流程优化小组

组织建设是服务流程优化的前提，因而需要建立由专业人员参加的服务流程优化执行小组，并任命一位具有高层决策权的领导担任小组负责人。

优化小组的主要任务是描述、分析和诊断现有的服务流程，提出改进计划，制定并细化新流程的设计或改造方案，最终落实新方案。

（2）确认

在开始进行之前，需要明确企业服务流程优化的目标以及流程优化的范围。

（3）访谈

优化小组组织要优化的服务部门的相关人员描述服务流程现状，进行岗位职责描述，绘制流程图。

（4）分析

分析并找出阻碍服务目标实现的制约因素。

（5）制定服务流程优化方案书

优化小组向企业领导汇报并得到确认后，开始设计服务流程优化方案。初步方案出台后，就需要讨论与分析新的流程效率与效益以及可行性，从而确定优化方案。

二、客户服务流程

制定客户服务流程的步骤及关键点见表 1—1。

表 1—1　　制定客户服务流程的步骤及关键点

工作目标	知识准备	关键点控制	细化执行	流程图
1. 设定合理、可行的客户服务标准 2. 科学安排客户服务调查方法，保证客户调查信息、数据的可靠性 3. 对客户服务进行客观的评价	1. 掌握企业业务知识 2. 熟悉客户服务调查的方法 3. 掌握与客户沟通的技巧	1. 客户分类 客户服务部经理按照一定标准对客户进行分类，一般可按照信用等级、行业、地区等进行分类	《客户档案》	1. 客户分类 ↓ 2. 设定客户服务标准 ↓ 3. 客户服务调查 ↓ 4. 客户服务评价 ↓ 5. 客户服务分析 ↓ 6. 客户服务改进 ↓ 7. 客户服务标准更新
		2. 设定客户服务标准 客户服务部经理会同相关部门根据客户类型设定各部门对各类客户的服务标准及相关指标，以保证客户服务质量，形成《客户服务标准单》	《客户服务标准单》	
		3. 客户服务调查 客户服务部经理定期或不定期对企业客户服务情况进行调查，并将调查结果与客户服务标准进行比较	《客户服务调查表》	
		4. 客户服务评价 客户服务部人员了解现有客户服务与客户服务标准的差距，并对各相关部门进行服务评估	《客户服务检查表》	
		5. 客户服务分析 客户服务部经理通过客户服务评价发现客户服务中存在的问题，并会同相关部门主管对问题进行分析，提出解决问题的措施、方案	《客户服务评价表》	
		6. 客户服务改进 客户服务部经理与相关部门经理进行讨论，并对客户服务标准进行改进及服务改进工作总结	《客户服务改进确认表》	
		7. 客户服务标准更新 客户服务部人员对客户服务标准进行更新，作为下次客户服务调查、评价的依据	《客户档案》	

【案例 1—5】 R 公司客户服务部工作流程

一、客户资料管理

1. 资料收集

在公司的日常营销工作中，收集客户资料是一项非常重要的工作，它直接关系到公司的营销计划能否实现。客服资料的收集要求客服专员每日认真提取客户信息档案，以便关注这些客户的发展动态。

2. 资料整理

客服专员将提取的客户信息档案递交客服主管，由客服主管安排信息汇总，并进行分析和分类，分派专人管理各类资料，并要求每日及时更新，避免遗漏。

3. 资料处理

客服主管按照负责客户数量均衡、兼顾业务能力的原则，将客户分配给相关客服专员。客服专员应在一周内与所负责的客户进行沟通，并做详细备案。

二、对不同类型的客户进行不定期回访

客户的需求不断变化，通过回访不但可了解不同客户的需求、市场咨询，还可以发现自身工作中的不足，及时补救和调整，满足客户需求，提高客户满意度。

1. 回访方式：电话沟通、短信业务等。

2. 回访流程：从客户档案中提取需要统一回访的客户资料，统计整理后分配到各客服专员，通过电话（或短信业务等方式）与客户进行交流、沟通，并认真记录每一个客户回访结果，填写《回访记录表》（此表为回访活动的信息载体），最后分析结果并撰写《回访总结报告》，进行最终资料归档。

三、回访内容

1. 询问客户对本公司的评价，对产品和服务的建议及意见。

2. 特定时期内可作特色回访（如节假日、店庆日、促销活动期等）。

3. 定期友情提醒客户。

注意：回访时间不宜过长，内容不宜过多。

四、回访规范及用语

1. 回访规范

一个避免，三个必保，即避免在客户休息时打扰客户；必须保证会员客户100%的回访；必须保证回访信息的完整记录；必须保证在三天之内回访（最好与客户在电话中再约一个方便的时间）。

2. 回访电话用语

(1) 开始：您好！我是 R 公司的客服代表，请问您是××先生/女士吗？打扰您了。

（2）交流：感谢您在××时间接受了我们R公司的××服务项目，请问您对××服务项目满意吗?

[满意]：您对我们的服务有什么建议吗?

[不满意/一般]：能否告诉我您对哪方面不满意？/我们应改进哪方面的工作?

（3）结束

[满意]：感谢您的答复，您如果需要什么帮助，可随时跟我们取得联系，祝您节日愉快/节日快乐，再见。

[不满意/一般]：非常感谢您反映的情况，这一点我们的确做得不够，我们很快就会有所改进，望您监督，祝您节日愉快/节日快乐，再见。

五、高效的投诉处理

完善投诉处理机制，注重处理客户投诉的规范性和效率性，形成闭环的管理流程，做到有投诉即时受理，迅速有结果，处理后有回访；使客户投诉得到高效和圆满的解决。建立投诉归档资料。

1. 投诉处理工作的三个方面

（1）为客户投诉提供便利的渠道。

（2）对投诉进行迅速、有效的处理。

（3）对投诉原因进行最彻底的分析。

2. 投诉解决宗旨

挽回不满意客户。

3. 投诉解决策略

短——渠道短；平——代价平；快——速度快。

4. 投诉处理流程

（1）投诉受理

即初步填写《客户投诉登记表》的相关内容，如投诉人、投诉时间、投诉内容等。

（2）投诉判断

了解客户投诉的内容后，要判定客户投诉的理由是否充分，投诉要求是否合理。如果投诉不能成立，即可以婉转的方式答复客户，取得客户的谅解，消除误会；如果投诉成立，则根据客户投诉信息确定被投诉的责任部门，并请客户给予一定时间展开调查。

（3）展开调查，分析投诉原因

要查明客户投诉的具体原因，具体造成客户投诉的责任人，如属修理质量问题，交相关负责人处理；属服务问题，则交服务专员或主管处理。

(4) 提出处理方案

根据实际情况进行部门研讨，提出不同解决方案。主管领导应对投诉处理方案一一过目，选择最佳解决方案，并及时作出批示。

(5) 实施处理方案

对直接责任者和部门主管要按照有关规定进行处罚；通知客户，确认客户接受解决方案后请客户签字，并尽快收集客户的反馈意见。

(6) 总结及评价

对投诉处理过程进行总结与综合评价，由客服主管填写《客户投诉分类统计表》，并作数据分析统计，提出改进对策，不断完善企业的经营管理，以提高服务质量。

5. 投诉处理准则

(1) 首先，言行礼仪按服务规范操作。

(2) 确保与客户不发生冲突。做到：不争论；不恶言；不动怒；不轻易承诺；不失言；不推卸责任；不提高说话音调；杜绝跟客户说“不行、不知道、不可以”；不怀疑客户的诚实品格。

(3) 处理投诉的过程中应尊重客户的人格，专心对待客户，用心倾听，从客户角度出发分析客户的实际问题，给客户一定的自主权。请客户参与共同选择最佳解决途径，让客户感觉到他的意见得到尊重，尽量用补偿性方法调节与客户的关系。

第2章

客户服务提供

第1节　客户服务信息管理

学习单元1　客户信息数据库建立与管理

学习目标

- ➢掌握客户信息数据库的开发
- ➢掌握客户信息数据库的建立
- ➢熟悉客户信息数据库的管理与维护

一、客户信息数据库的开发设计

客户信息数据库是企业实施客户关系管理、完善客户服务的平台系统。详尽、完善的客户信息数据库能为企业准确掌握客户的需求意图、实现客户价值最大化创造条件。客户信息数据库的建立是一个漫长的过程，因为客户信息的收集、集成不可能在短时间内完成。对于一般规模、客户关系较明确的企业来说，花3～5年时间建立客户信息数据库是很正常的。

1. 确定数据库开发的目标

数据库的开发要根据建立数据库的目标来进行，数据库的开发目标通常包括以下几个方面：

（1）客户资料管理，客户开发。

（2）竞争情报分析。

（3）消费者分析、消费者满意度调查、消费者跟踪。

（4）财务状况分析与报告。

（5）提供个性化服务。

（6）销售队伍报告与销售分析。

（7）服务状况与历史。

（8）各种绩效分析等。

2. 数据库建设需要的资料

客户档案的完善和建立是数据库资料的根本内容。客户服务人员在了解客户情况的基础上，将客户的各项资料科学地加以记录、保存，并分析、整理、应用，以巩固与客户间的关系，提高客户服务质量。一般情况下，客户服务人员在建立客户信息数据库时应收集以下三种资料：

（1）基本资料

客户服务人员必须尽量记录所有客户的相关信息，来帮助进行客户行为与心理分析。客户服务人员应收集的客户基本资料主要包括以下两大方面：

1）个人客户资料。个人客户资料的基本内容包括客户基本资料、教育情况、家庭情况、人际关系情况、事业情况、生活情况、个性情况、阅历情况以及其他可供参考的补充材料。

2）企业客户资料。企业客户资料的基本内容包括客户的名称、电话、企业所有者、企业经营者、法人代表等，一些客户的特征包括服务区域、销售能力、发展潜力以及业务状况等。

（2）地址资料

地址资料有助于分析喜欢特定产品或服务的人群是否具有某些空间位置上的共同之处，如是否都生活在某个区域以及是否具有地区的特殊需求等。地址资料应包括通信地址、地址类型、销售区域、地区代码、传媒覆盖区域等。当客户是企业时，必须记录企业的名称、通信地址、公司类型等。

（3）行为资料

行为资料是有关客户和潜在客户与公司交往的历史记录。这类数据不会告诉企业客户可能做什么或他们今后会做什么，但行为资料能告诉企业客户过去做过什么、每次订货的多少以及订货的频率等，具体包括以下内容：

1）客户业务类型代码，不仅包括订货产品，还包括对调查活动、特价品的反应等。

2）业务发生的日期、交易额的大小、交易的方式。

3）每次发生纠纷、延迟交货和产品残次等方面的详细资料。

4）每次与客户或潜在客户进行接触的时间和方式等。

3. 数据库设计人员

数据库的初步设计由数据处理专业人员完成，一般此项工作由企业内部人员和外部专业的数据库服务机构共同完成，数据库的设计主要是各种表单的设计以及各种数据内部关系的建立。数据表单所包含的要素因企业不同或业务不同而有所不同，表单内容一般由企业内部人员设计，功能的实现则由外部专业服务机构完成。

4. 数据库开发设计要注意的问题

客户信息数据库的设计还要注意以下三个方面的问题：

（1）数据库项目范围

1）项目的任务。

2）通过项目实施，企业能实现什么样的目标。

3）是营销支持、销售支持还是服务支持。

（2）数据库设计时间

1）完成数据库设计所需要的时间。

2）设计客户信息数据库的进度计划。

（3）数据库设计成本

1）完成一个客户信息数据库建设的解决方案需要花费的成本。

2）在预算时，一定要核算建设过程中的隐性成本。

二、客户信息数据库的建立

当客户信息数据库设计完成后，下一步的工作就是将收集到的客户资料进行录入，建立客户信息数据库。

1. 建立客户信息数据库要注意的细节

（1）客户的原始资料要保存

现在的数据库具有非常强大的处理能力。但是无论怎样处理，原始数据总是最为宝贵的，有了完整的原始数据，随时都可以通过再次加工获得需要的结果。

（2）要保证数据库的安全性

一定要确保数据库安全、可靠地运行，另外也要做好客户资料的保密工作。因此，需要严格地加强安全管理，建立数据库的专人管理和维护机制。

（3）数据库的实时性

企业要想充分享受数据库带来的利益，就要对客户资料进行随时的更新。

（4）可操作性

收集和存储客户信息的目的在于对客户信息的使用，这就要求客户信息数据库有良好的可操作性。客户信息数据库的操作包括检索、排序、分组等，这要求客户信息数据库有着很好的结构和索引。

（5）全面参与客户信息数据库建立

企业部门和个人应积极参与到建立客户信息数据库的工作中，客户资料的利用并不只是发生在客户服务部门。随着企业信息化程度的不断提高，企业的各个部门都有可能要用到数据库中的信息，他们的积极参与将有助于客户信息数据库发挥最大的作用。

2. 客户资料的处理

对不同来源的客户数据要有不同的处理方式。

（1）企业经营中获得的客户数据

这部分数据是最重要、最真实的，同时也是企业投入成本最多的数据资料。这些数据是通过电话销售、销售记录、促销、市场调查等方式获得的，一般都有详细的记录，准确性、细致性都较高，这些资料的处理工作主要是进行数据的核对，并且将各种数据的格式进行统一化处理。

（2）通过第三方获得的客户数据

例如，从行业协会获得的调查数据、有关机构的调查结果、专业调查公司的调查数据等。这些数据中的客户大多数是潜在的客户，数据的真实性没有保证，所以，最重要的工作是确定其真实性。

3. 资料的录入

资料处理过以后，要认真地进行资料的录入工作，数据库建立时初期资料的录入是一项非常繁重的工作，尤其是那些客户量很大的企业。这就需要客户服务人员仔细、认真地工作，保证数据资料的准确性。

客户服务人员应严格地根据原始资料进行数据的录入，遇到模糊或有疑问的信息一定要认真核实，必要时可以寻求相关部门的确认或请示上级领导，确实无法确认的数据需要在数据库的备注中说明情况。

三、客户信息数据库的管理和维护

客户信息数据库作为企业信息化的重要组成部分，其可靠运行及数据安全直接关系到企业经营活动能否正常进行。因此，各企业都把客户信息数据库的管理和维护作为重要工作并给予很高的重视。

1. 日常管理

为了保证客户信息数据库的可靠性和有效性，客户服务人员需要对数据库进行科学的日常管理。这些管理包括数据导入导出、创建索引、数据备份、数据恢复、存储容量调整、数据库稳定性检测等。客户主管应为客户服务人员制订出完整的日常管理工作计划，在日常管理中严格按计划执行，并保存操作记录。

2. 安全管理

企业要确保记录在计算机中的数据库安全运行，如果这些数据意外损失或者外流，将给企业造成难以估量的损失。需要严格地加强安全管理，建立数据库的专人管理和维护机制。常见的安全管理措施包括以下几个方面：

（1）系统的使用权限、修改权限和管理员权限。

（2）项目组权限设置。

（3）存储及备份权限。

（4）存储介质的管理。

目前，部分企业在客户信息数据库的设计中采用了三层 CIS 的设计，在网络环境中采用防火墙技术，这些措施大大提高了客户信息数据库的安全性。

3. 数据库的使用

客户信息数据库可用于企业经营活动的全过程，包括市场调研、市场开发、销售机会挖掘活动、客户服务和客户关系维护等。建立客户信息数据库的目的就是在企业经营活动中对其加以使用，以提高企业市场占有率，改善客户服务，并最终使企业的经营效益得到显著提高。

4. 数据库的维护

数据库的维护实际上是一个企业对现有数据的二次加工过程，主要包括对数据的分类和整理。具体包括下述几项内容：

（1）重复记录识别

在将新的消费者姓名录入数据库之前，必须经过一个重复记录识别过程，以便于判定哪些记录属于同一个消费者，从而避免相同信息的重复输入。

（2）地址标准化

在处理数据时，很可能会发现有的地址有错误，如街名有误、街牌号码倒置等，这时就需要进行地址标准化。这项工作可以借助地址标准化软件来进行，地址标准化软件能够将地址与全国性的地址邮编数据库进行比较，以帮助营销人员判断地址正确与否。

（3）删除

在维护数据库的过程中，为了使消费者的资料更加标准化，有时需要删除有关记录内容。需要注意的是，当用删除软件做这一工作时，并非是将不相关的信息彻底删掉以至于不能恢复。实际上操作人员一般都是用隐含的方式保留这一信息，今后如果一旦需要这方面的信息仍然可以重新在数据库中恢复。

5. 数据库的更新

数据库的更新就好比给一个企业不断输入新鲜血液，企业促销决策的最主要依据就是消费者需求。所以，营销人员要尽可能地保障数据库的时新性，避免由于消费者数据滞后而对营销决策产生误导。

（1）更新或替换数据库的必要性

是否需要对数据库进行更新或者替换，视公司营销决策的要求而定。如果在数据库的范围内进行更新，则主要是完善程序设计，加快搜索查询和处理的速度，并对现有的表格进行增补、更改和删除。如果在交易系统内进行更新，并且原数据库表格被新的表格所替换，则需要修正现存交易系统，以便于获得更详细的数据。修正的范围将取决于现存交易系统保存数据的信息深度，即一条数据中所含信息的多少。交易系统应尽量保存详细的交易记录，如果无法取得详细的交易记录，就会失去进一步分析客户的机会，就可能失去客户。

特别需要注意的是，如果数据库表格被替换则需要保存一份原表格的记录。在营销数据库中，保留历史数据时营销人员必须决定以下问题：

1）有多少历史数据将被保留？

2）保留到何种详细程度？

3）数据应该保留多长时间？

（2）更新的频率及内容

数据库更新的频率决定着数据库反映客户真实情况的程度，但同时也关系到企业营销费用的多少。所以，如何在这两者之间找到一个最佳平衡点是营销人员需要面对的问题。通常更新的次数不必超过公司作出决策的间隔次数。例如，如果一个公司每年进行两次邮寄促销，那么只需在两次邮寄促销之前更新数据库，以提供在制定邮寄名单时所需要的数据。尽管更新的频率小能够节省费用，具有更好的经济效应，当公司的营销数据库是由外部服务机构进行维护时更是这样，但是许多公司还是选择频繁更新，以便支持在邮寄促销间隔之间不间断地进行数据库分析和报告工作。

现在许多公司对其数据库实行每日更新计划，具体包括以下内容：

1）现有客户的购买数据、利润数据、按部门或按产品计算的总销售额。

2）客户数据，包括新客户和改变地址的客户的数据。

另外，还有一些公司通常以每季度一次的频率更新数据库中的部分内容，主要包括更新客户地址，更新客户人口统计数据，将客户划入不同产品组。

6. 客户信息的保密

客户资料中需要保密的事项有本企业主要客户的重要信息、企业与客户重要业务的细节及企业对重要客户的特殊营销策略。

客户资料的保密级别有绝密级、机密级及秘密级。绝密级资料是企业最重要的资料，一旦泄露会使企业的利益遭受特别严重的损害。一般直接影响企业权益的重要客户资料应列为绝密级。机密级的客户资料是企业的重要秘密，泄露机密级资料会使企业的利益遭受严重的损害。一般企业的重要业务来往客户资料应列为机密级。秘密级的客户资料是企业的秘密，若泄露会使企业的利益遭受损害。一般与企业有简单来往的客户资料应列为秘密级。

7. 客户信息的保密措施

为做到客户信息的保密性及可控性，可采取以下措施：

（1）企业客户提供的并明确要求保密的公司或最终用户的信息应被按照严格的安全和保密标准进行管理、使用、传输及保存。在未征得企业客户正式的书面授权之前，不可将这类信息向与业务无关的和未被授权的任何第三方泄露，这里所说的第三方包括但不限于代理人、关联实体、合作伙伴、雇员、坐席代表等。

（2）数据库实行严格的安全管理机制。只有被授权的网内 IP 与数据的机密性要求一致的用户才被允许访问相应的数据。用户系统提供开放的用户角色管理，通过密码读取。角色相当于岗位定义，可根据需要设置系统管理员、系统维护员、数据录入员、数据录入主管、数据审核员等不同角色，分别负责不同的部分，不同角色只能查看与自身被授权限相关的信息，不能越权查看，以有效防止数据的泄露。

（3）各项目的业务数据彼此独立存放，项目间无数据交叉，可对各项目数据单独进行备份。

（4）所有用户对数据的存取、修改均有详细记录，便于可疑操作的跟踪，以防止恶意破坏。

(5) 在与企业客户的合作终止或结束后，根据合同规定及企业客户的书面要求删除设备和数据库中的明确要求保密的公司或最终用户信息、通话记录、统计报表等有关资料，并且销毁这些资料出于安全目的的任何形式和介质的备份。

【案例 2—1】 客户服务数据库的建立与管理

——Sybase 成功案例：助力建设 H 市社保卡数据库

一、项目背景

基于社会需求，H 市社会保障卡中心正式开通。该中心主要承担该市社会保障卡系统市级数据交换平台和共享数据库的建设与维护，实施政府业务部门之间的信息共享。经过社会保障卡一期和二期工程的建设，中心建立了面向市民提供社会保障卡持卡人资料采集、申请、发放及管理的全套计算机网络与处理系统，制定了社会保障卡中心与公安、劳动和社保、医保、民政及公积金等有关政府行政部门信息交换与共享的标准和规范，规定了信息交换的内容、格式等，并形成了该市社会保障卡服务中心个人档案数据库资料，为数据深度利用奠定了物质基础。

不过，H 市社保卡现有的多个系统主要是业务系统，虽然在业务管理工作中发挥着不可缺少的重要作用，但数据具有一定的分散性和独立性，如何保证业务功能的完备和统一，处理流程的规范与合理，信息交换的通畅和一致，以及信息处理和信息服务的层次化和个性化成为下一步发展的关键。因此，在业务系统完善和成熟以后，作为最重要的一个发展方向就是以数据库为基础的决策支持系统建设，它包括信息资源的有效采集和管理、合理衍生和使用、充分挖掘和利用，实现联机事务处理（功能支持）及联机分析处理（信息支持）的合理隔离和有机统一，从而实现对各种业务及其管理的强有力支持。此外，随着 H 市社会保障卡系统的发展成熟，共享数据库中的数据还会不断积累，通过建立数据库系统，对这些数据进行再利用和深加工不仅有利于市民服务信息中心业务的发展，而且可以使共享数据库更好地服务于政府的相关部门，初步实现共享的市民基本信息在政府部门决策中的运用。

二、建设目标

目前，社保卡操作的核心数据库的容量为 500 GB，包括社会保障卡的持卡人个人基本情况以及照片、指纹、制卡生产和交易等信息。其中，持卡人的照片和指纹信息占 270 GB。同时，由于共享数据库的不断完善以及分系统数据的获取分析的需求，其数据库的数据容量还将不断地扩充。另外其他数据如市民的各类社会保障基金的数据和社会救助优抚数据不断地增加进来，因此，5～8 年内总数据量完全有可能达到 1TB 左右。

依据自身的需要并结合 H 市社会保障卡中心目前的现状，H 市社会保障卡中心在数据库的建设方面确定了明确的目标。H 市社会保障卡中心表示，通过数据库系统的建设，希望可以加强目前业务系统及数据处理中心的功能，并解决部分目前信息系统所不能解决的问题。因此数据库建设必须做到以下几点：

1. 发挥信息对决策的指导作用，提高决策分析人员的工作效率。

2. 实现联机事务处理和联机分析处理的合理隔离和有机统一。

3. 实现业务数据到数据库的自动装载，系统管理各种业务系统产生的数据。

4. 以全新的方式实现分析型应用的功能。

5. 实现基于浏览器方式的应用界面，实现应用系统前端的零维护。

6. 建立社保卡数据分析的平台，从而提高社保卡信息系统建设的先进性，逐步完善业务管理职能。

同时通过数据库各个阶段的实施，具体从功能上要求达到以下几点：

1. 为行政管理人员（包括政府有关劳动与社会保障管理部门、政策制定部门以及社会保障卡中心管理部门）提供各种信息指标和统计图表查询。要求简单、友好、易用，信息呈现的方式可以是电子表格、直方图、饼图或折线趋势图等形式。

2. 为分析人员提供联机多角度、深入浅出的数据分析界面，使其能够回答业务问题。例如，医疗保险改革后市民医疗费支出对生活水平有多大影响以及对哪些人有影响等。

3. 为管理人员提供因突发性和临时性的需求而需要生成报表的界面。要求查询条件和组合方式灵活。

在经过慎重的反复评测与比较后，H 市社会保障卡中心最终选择了全球领先的企业及移动基础架构供应商 Sybase 公司。之所以选择 Sybase，H 市社会保障卡中心表示，首先，在数据库领域 Sybase 具有的崇高知名度及显而易见的强大的实力给予了他们极大的信心；其次，在具体的沟通过程中，Sybase 提供的方案完全满足了他们提出的各种要求。Sybase 最终赢得他们这个项目可以说是水到渠成。

三、方案规划

在赢得 H 市社会保障卡中心的项目后，Sybase 开始了更进一步的解决方案规划。Sybase 认为在开展社保卡数据库工作时，应遵循“统一规划，分步实施”的原则，即采用数据库分步实施的设计思想。因此，Sybase 采用了螺旋形的开发模式对社保卡数据库工程进行建设，他们把系统大致分为三个阶段来实施，并明确了各个阶段的目标。

1. 第一阶段目标

第一阶段数据库系统主要包含业务系统中的重要方面，不要求覆盖业务系统的所有方面。针对目前数据较为齐全，且迫切需要进行分析的主题——社保卡数据分析和残疾人数据分析，以持卡人基本信息、社保卡生产的数据和残疾人的基本信息为基本源数据，建立一个面向该主题的数据库原型系统，从而解决该业务领域内日常的统计分析工作。因此，第一阶段的工作重点是建立全面的主题化模型，完成现有部分数据的清洗和迁移，构筑社保卡中心数据库基础平台，并在此基础上开发关键的业务报表和查询功能。

2. 第二阶段目标

第二阶段以社保卡全局性数据库系统建设作为主要目标，包含社保卡范围内所有的信息系统数据，以及对社保卡宏观决策支持相关的外部数据。本阶段开发的重点是构建联机分析处理（OLAP）在线分析系统平台，前端的应用从简单的报表查询向分析型应用扩展，增加动态报表、即席查询功能，为逐步引进和采用人工智能、数据挖掘、知识发现等智能信息处理先进技术手段做好数据准备。

3. 第三阶段目标

第三阶段在对社保卡前两个阶段的数据库系统进行完善的基础之上，引进和采用人工智能、数据挖掘、知识发现等智能信息处理先进技术手段，实现各个层面的智能决策支持，构筑起社会保障管理现代化信息支撑平台，实现全面的网络化信息应用和服务。

四、方案实施

H 市社会保障卡中心数据库的实施主要包括五个部分的内容：数据库的设计建模、数据转换与集成、数据存储与管理、数据的分析和展现以及数据库的维护和管理。

1. 数据库建模

数据库的设计人员模拟整个数据库系统内的各种数据资源设计数据库模型，为数据库的实施提供蓝图，并从一个单一的控制点出发实现对数据库的配置。数据库设计工具必须能够使用最通用的关系数据库和多维数据库的设计方法建立数据库模型，并且为设计人员建立一个非常友好而单一的环境，能让数据建模人员和系统设计人员很方便地处理数据库设计中特殊的应用需求。

2. 数据提取、转换和加载（ETL）过程

通过 ETL 工具将数据从数据集中区经过处理以后加载到数据库存储环境中，

完成数据的抽取、转换、清洗及加载，并且通过一套紧密集成的工具使数据建立的步骤自动化，易于使用，具有强大的功能和性能。通过有效的 ETL 工具，数据库开发者可以使用虚拟设计直接对数据的移动和处理进行建模。开发者不再需要进行编码，只需建立一个处理模型，对每个数据移动或处理步骤进行图解，这个工程看起来就像一个流程图，它的建模性能提供了最大的设计灵活性。这样，不仅易于学习和使用，还为数据库开发者提供了一个图形化的、高度面向客户的方式来管理更加复杂的方案。

3. 数据库存储

实现数据库中的数据存储和管理。数据库中数据存储和管理引擎必须能够支持数据库应用中大量交互式的和无定型的查询处理的需要，用户在查询时有极大的灵活性。用户可以提任何问题，可以针对任何数据提问题，可以在任何时间提问题。无论提的是什么问题，都能快速得到回答。

4. 数据展现

使用目前流行及易用的前端分析和展现产品实现数据的展现与分析，并且提供基于 WWW 服务器/浏览器的配置方式及基于客户/服务器形式的配置方式。展现工具必须为用户提供一个完整的智能化电子商务软件解决方案的工具包，其中包括了查询、生成报表、在线分析处理、成套分析、时间序列分析和数据钻取功能，还提供了管理工具，使信息技术人员能在企业内建立和配置产品。使用户可以在 Internet 上进行特殊查询、生成报表和数据分析，并且具有分布式的结构，核心的功能在服务器上，基于 Java 的程序在桌面上运行，使每个用户的个人终端无须安装和维护应用程序软件和数据库中间件，这样机构的成本可以更有效地用来配置商业智能软件功能，并且通过外联网将此益处传递给供应商、合作者和客户。

5. 元数据管理

元数据是指“关于数据的数据”，是数据库环境中的关键部分。它决定了数据库信息的设计方式和构造方式，还确定了外部元数据与数据库模型之间的对应以及当初抽取（聚合）元数据时所用的算法。在数据库的建设中，将数据加载到数据库只是完成了整个工作的很小的一部分。在数据库建成并投入运行后，管理方面仍然面临巨大的挑战。因此，通过对元数据的运用和管理，在信息系统与数据库的用户间架起了一座桥梁。

五、实施效果

在经过紧张的设计与实施工作后，H 市社会保障卡中心数据库系统终于为该市社会保障卡中心带来了可喜的变化，其实施效果主要表现在以下几个方面：

1. 该市社会保障卡中心数据库系统构建了社保卡主题化模型。

2. 该市社会保障卡中心数据库系统将业务系统和数据库系统进行了有效的集成，满足最终用户的各种需求，既能看到历史统计系统，也可以及时了解最新的当前状况。

3. 该市社会保障卡中心数据库系统完成了内部数据的整合，将各个不同业务系统的分布式存放的数据进行一致性转化，使数据库今后成为社保卡真正意义上的数据中心，满足各种不同应用系统的数据需求。

4. 该市社会保障卡中心数据库系统进行了历史数据的清洗、修复，解决因多次业务变化造成的数据缺损、不完整问题，实现历史数据的完整性。

5. 该市社会保障卡中心数据库系统完成社保卡数据分析和残疾人数据分析相关的查询、报表统计、分析应用。

6. 该市社会保障卡中心数据库系统为不同用户提供了个性化的使用模式，不同类型用户可以采取如查询、报表、分析、定制化操作等多种使用模式。

7. 该市社会保障卡中心数据库系统实现了基于B/S结构的应用模式，前端支持基于浏览器的各种查询、报表、分析等操作，使今后的维护工作量降到最低。

8. 该市社会保障卡中心数据库系统实现了各个层面的智能决策支持，构筑起社会保障管理现代化信息支撑平台以及全面的网络化信息应用和服务。

六、客户评价

经过一段时间的应用，H 市社会保障卡中心表示："H 市社会保障卡是国内第一张发行规模如此庞大、应用领域如此广泛的社保卡，无论是从发行的面还是从发行的量、功能、管理系统，H 市是走在最前面的。凭着这张卡，用户可以享受医疗保险待遇，进行医疗费用的结算，办理社会保障事务，包括申领社会救助金、申办公积金贷款、申请职业技能鉴定、办理求职登记、参加职业培训等。以后，H 市市民的生老病死都将与这张薄薄的社保卡息息相关。Sybase 公司为我们建设的数据库系统表现非常令人满意，我们的工作因为这套系统得到了极大的提高与保障。"

学习单元 2　客户信息分析与应用

学习目标

➢掌握客户信息分析的方法

➢掌握客户信息挖掘技术

➢熟悉客户服务的分层

一、客户信息分析方法

收集客户信息、建立客户档案的目的就是有效利用这些信息，真正实现以客户为导向的企业目标，促进企业的可持续发展。

客户档案分析的内容取决于客户服务决策的需要，在不同的企业、不同的时期这种需要是不同的，所以，进行客户档案分析利用的内容也是不同的。有下列三种常用的客户档案分析方法：

1. 构成分析

利用客户档案分析客户构成是一种最普遍、最简单的档案分析方法，这里又包括销售构成分析和地区构成分析。客户构成分析有利于企业的销售部门及时了解每个客户在企业总销售中所占的比例以及客户的分布，并从中发现客户服务存在的问题，以便于采取不同的对策。

（1）销售构成分析

销售构成分析是对各类客户中的每个客户在企业总销售额中所占的比重，以及这一比重随时间的变化而变动的情况的分析。这种分析对于明晰销售重点、掌握渠道变动情况是很重要的。通过销售构成分析可以对客户进行分级，常用方法是甲乙丙丁分类法，有利于针对不同的客户级别采用不同的政策。

（2）地区构成分析

地区构成分析是对企业客户总量中各地区客户分散程度、分布地区和各地区市场对企业的重要程度的分析，是设计、调整服务和分销网络的重要依据。这种分析要根据一定的时间序列，以及利用至少 5 年以上的资料，才能客观地反映出客户构成的变动趋势。

2. 信用分析

利用客户档案能详细、动态地反映客户行为及状况的优势，还可以进行客户信用情况分析，用以确定对不同客户的付款条件、信用额度和优惠政策等。

对于信用分析中信用等级高的客户，可以作为业务发展的重点对象，给予一定鼓励或优惠，这对于加速企业资金周转和利用，防止出现坏账和呆账非常有效。对于信用分析中信用等级很低的客户，就要密切注意其经营状况，避免因为关注不够而给企业带来相关的损失。

3. 利润贡献分析

通过对客户的档案进行分析还可以了解客户对企业的利润贡献程度。客户资产回报率（CRA）是企业计算从一个客户处获利多少的方法之一。该方法是从每个客户的毛利中减去直接客户成本，包括销售费用、服务费用和送货费用等，而不考虑企业的研发成本、设备应用等费用，求出一个客户的资产回报率。不同客户的CRA 差距很大，所以，通过 CRA 分析还可以了解到产生这种差距的原因。

在实际经营中有的企业还会利用客户档案分析进行客户占有率分析、客户与竞争对手关系分析、开发新客户与损失客户分析、合同履行情况分析、企业营销努力效果分析等。

二、客户信息挖掘技术

竞争优势产生于创造性地使用信息，而不是拥有信息。要使得市场调研能够真正发挥作用，对市场信息进行正确分析是关键。通过各种渠道获取了大量的信息后，必须通过筛选、分类、整理、统计等科学的加工对这些信息进行整理和分析。在面对数量巨大的信息和数据时，需要利用计算机来快速地进行分析，这就需要进行数据挖掘。

1. 数据挖掘技术的功能

数据挖掘与在山脉中挖掘有价值的矿藏类似，在商业应用里，它就表现为在大型数据库中搜索有价值的商业信息。这意味着需要对巨量的材料进行详细的过滤，并且需要智能且精确地定位潜在的价值。对于现有的大大小小的数据库，数据挖掘技术可以用它如下的超能力产生巨大的商业机会。

（1）数据挖掘技术能自动在大型数据库中找寻潜在的预测信息。传统上需要很多专家来进行分析的问题，现在可以快速而直接地从数据中找到答案。一个典型的利用数据挖掘进行预测的例子就是目标营销。数据挖掘工具可以根据过去邮件推销所得到的大量数据找出其中最有可能对将来的邮件推销作出反应的客户。

（2）数据挖掘技术可以让现有的软件和硬件更加自动化，并且可以在升级的或者新开发的平台上运行。当数据挖掘工具运行于高性能的并行处理系统上时，它能在数分钟内分析完一个超大型的数据库。这种更快的处理速度意味着用户有更多的机会来分析数据，使得分析的结果更加准确、可靠，并且易于理解。

（3）数据挖掘技术可以使数据库的深度和广度得以拓展。

深度上，允许有更多的“列”存在。以往，在进行较复杂的数据分析时，专家们限于时间因素，不得不对参加运算的变量数量加以限制，但是那些被丢弃而没有参加运算的变量有可能包含着另一些不为人知的有用信息。现在，高性能的数据挖掘工具让用户对数据库能进行通盘的深度浏览，并且任何可能参选的变量都被考虑进去，再不需要选择变量的子集来进行运算了。

广度上，允许有更多的“行”存在。更大的样本量使产生错误和变化的概率降低，这样用户就能更加精确地推导出一些虽小但颇为重要的结论。

（4）数据挖掘技术能够对将来的趋势和行为进行预测，从而很好地支持人们的决策。比如，经过对公司整个数据库系统的分析，数据挖掘工具可以回答“哪个客户对本公司的邮件推销活动最有可能作出反应，为什么”等类似的问题。有些数据挖掘工具还能够解决一些很消耗人工和时间的传统问题，因为它们能够快速地浏览整个数据库，找出一些专家们不易察觉但却极有用的信息。

2. 数据挖掘的流程

数据挖掘的流程如图 2—1 所示。

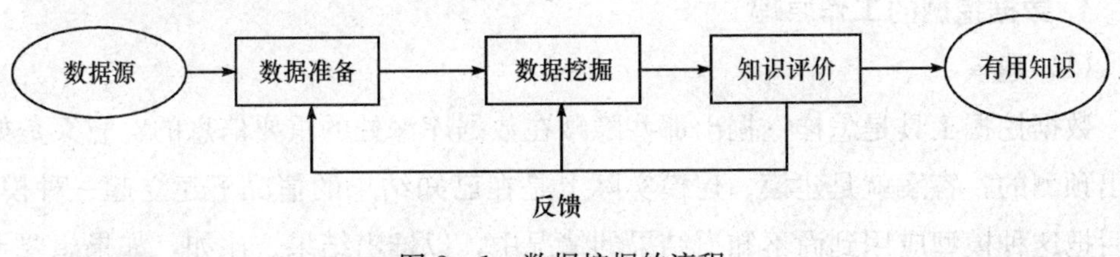

图 2—1　数据挖掘的流程

（1）数据准备

数据准备是指从数据源中选取感兴趣的目标数据，然后进行适当的格式变换、噪声消除、重复删除等预处理。

（2）数据挖掘

数据挖掘是指运用适当的“挖掘算法”或“神经元代理技术”从大量数据中发现某种内在规律，从而提取出有用的知识。这是知识获取过程的核心环节。

（3）知识评价

知识评价是指对初步提取出的知识进行解释和评价，并将它与初始目标进行比较，然后根据比较结果对前两个环节（数据准备和数据挖掘）进行反馈校正，例如，从数据源中重选目标数据，或是对挖掘算法作必要的修正等。如此重复多次直至提取出真正有用的知识（即符合目标要求）为止。

3. 数据挖掘的常用技术

（1）人工神经网络

人工神经网络是指仿照生物神经网络结构构建的非线性预测模型。

（2）决策树

决策树是指代表着决策集的树形结构。

（3）遗传算法

遗传算法是指基于进化理论，并采用遗传结合、遗传变异以及自然选择等设计方法的优化技术。

（4）近邻算法

近邻算法是指将数据集合中的每一个记录进行分类的方法。

（5）规则推导

规则推导是指从统计意义上对数据中的“如果—那么”规则进行寻找和推导。

上述技术的运用已有大约十年的时间，只不过其所面对的数据量通常较小。而现在这些技术已经被直接集成到许多大型的按工业标准建成的数据库和联机分析系统中。

4. 数据挖掘的工作原理

（1）建模

数据挖掘工具是怎样挖掘出那些隐藏在数据库深处的重要信息的？它又是如何作出预测的？答案就是建模。建模实际上是在已知结果的情况下建立起一种模型，然后把这种模型应用到尚不知道结果的情况中，以推出结果。比如，如果想要寻找一艘古老的西班牙沉船，首先必须了解过去发现类似沉船的时间和地点。如果发现这些沉船大部分都在百慕大海区被找到，并且那个海区有着带有某种特征的洋流，以及那个时代的航线也有一定的规律可循，那么就可以根据这众多的特征、规律建立一个普遍适用的模型，利用这个模型就能够较准确地找到目标。

当然，在数据挖掘技术甚至计算机出现以前，这种建模的方法就已经广泛地被人们使用。在计算机中建模和以前的建模并无很大不同，主要的差异在于计算机能处理的信息量更加庞大。计算机中能够存储已知结果的大量不同情况的信息，然后由数据挖掘工具从这些大量的信息里将能够产生模型的信息提取出来，用于建立模型。一旦模型建立好后，就可以应用在那些情形相似但结果尚未知道的情况中。

（2）集成

现有很多数据挖掘工具是建立于数据库以外的，它们需要独立地输入、输出数据，并进行相对独立的数据分析。为了最大限度地发挥数据挖掘工具的潜力，它们必须像很多商业分析软件一样，紧密地与数据库集成起来。这样，在人们对参数和分析深度进行变化的时候，就能大大地简化数据挖掘过程。

应用数据挖掘技术，较为理想的起点是从这样一个数据库开始，即这个数据库里面应保存着所有客户的合同信息，还应有相应的市场竞争对手的相关数据，并且该数据库可以针对其中的数据进行速度上和灵活性上的优化。

5. 数据挖掘技术的广泛应用

数据挖掘系统的出现代表着常规决策支持系统的基础结构的转变。查询和报表系统仅仅是将数据查询结果反馈给最终用户，而数据挖掘高级分析服务器把用户的商业模型直接应用于其数据库，并且反馈给用户一个相关信息的分析结果。这个结果是一个经过分析和抽象的动态视图层，通常会根据用户的不同需求而变化。基于这个视图，各种报表工具和可视化工具就可以将分析结果展现在用户面前，以帮助用户计划将采取怎样的行动。

有很多公司都成功地安装了数据挖掘工具。早先采用了这种技术的公司大部分是信息密集型公司，如金融服务和邮件营销系统内的企业等。现在这种技术已经可以应用于各类企业中，只要公司具有集成化的数据库，并有定义完善的商业处理程序，数据挖掘技术就可以紧密地应用于公司数据统计分析。

全面集成了客户、供应商以及市场信息的数据库导致公司内的信息呈爆炸性增长，企业在市场竞争中需要及时而准确地对这些信息作出复杂的分析。建立在关系数据库和联机分析技术上的数据挖掘工具正好可以解决这一问题。目前，数据挖掘工具正以前所未有的速度发展，并且扩大着用户群体，在未来日益激烈的市场竞争中，拥有数据挖掘技术必将使企业作出更快速的反应，赢得更多的商业机会。

三、进行客户服务分层

1. 服务分层的作用

客户服务分层不仅可以大大提高客户满意度，对企业竞争力的贡献也是巨大的。这可从广度、长度和深度三个方面来理解。

（1）广度上

广度上就是获得客户，通过细分客户，识别客户特征，分析客户购买偏好，找到潜在客户及其需求，使营销活动更具有针对性和有效性，销售目标命中率更高，从而获得更多新客户。

（2）长度上

长度上就是要保有客户，通过客户价值分层管理，对比不同价值等级的客户，提供更具针对性的服务和产品，使客户满意度提高，从而维持长久、稳固的客户关系，降低客户流失率，保证企业利润的实现。

（3）深度上

深度上就是要提升客户盈利能力，通过客户价值挖掘和客户价值评估，发现客户的盈利能力和价值潜力，挖掘出更多的再销售机会，实现交叉销售、增量销售和推荐销售，使客户的利润贡献率大大提高，最终实现客户价值的最大化。

2. 对客户信息进行差异化分析

客户信息差异化分析是指企业对客户的信息进行分析处理之后，找出不同客户群体之间的异同点，从而帮助企业准确地把握合适客户和关键客户。差异化分析的方法很多，RFMD 模型是其中重要的一例。

（1）R——Recent（客户近况）

通过对客户最近一次购买情况的信息收集和跟踪，分析客户在沟通之后能够持续购买的概率，利用这一工具可以了解客户对所提供的即时商品与服务是否有所反应。企业与客户之间要建立长期的信息关系，而不仅仅是买卖关系。

（2）F——Frequent（购买频率）

购买频率即在测试期间的购买次数。高消费频率意味着更大的市场感召力，如果将该信息与最近一次购买情况和花费金额相参照，能够准确地判断一定区域及时期的合适客户和关键客户，从而使企业的营销策略更有针对性。

（3）M——Monetary（消费金额）

消费金额能够为企业提供在一定时期内的需求量信息，如果将该信息与其他信息相参照，可以准确地预测一定时期、一定区域的销售量、市场占有率等信息，从消费金额中确定哪些人花费了高金额，原因是什么，为供应链上的企业生产、采购和制定企划方案等环节提供准确情报。

（4）D——Demographic and Lifestyle append（人口统计资料和生活方式）

这一信息是对前三种信息的补充，它为企业提供一定区域的人文环境信息，即制定客户营销方案所应依据的人文信息。

通过 RFMD 模型对客户的信息进行差异化分析，可以识别出哪些客户是一般客户，哪些是合适客户，哪些是合适客户中的关键客户，然后有针对性地开展服务，从而使企业价值目标和客户价值目标相协调。

3. 分析客户对于企业的价值

不同的客户对企业的价值不一样，对客户进行价值分析的方法如下：

（1）寻找每一类客户的行为特征、需求价值取向和成本收益，这些都是企业进行营销决策的重要依据。

（2）寻找占企业销售额 40%～50%的客户，他们应是企业花费时间和精力最多的重点部分。这部分客户是企业进行稳定销售的基础。

（3）弄清楚某些客户逐渐失去价值的真正原因。这些客户也曾经给企业带来过利润，但后来任凭企业怎样努力，他们也要和企业疏远。对这部分客户只要进行最低的维护即可。

对客户进行价值分析可以很有成效地帮助企业管理者进行决策。企业应该妥善地处理因客户背离而给企业带来的负面影响，从而成功地实现客户服务管理效用价值的最大化。

4. 发现最有价值的客户

不同的客户对企业的价值不一样，在实施客户服务管理之前，企业要对客户进行价值分析。按照对企业的价值不同，客户可以分为以下四种：

（1）价值最大的客户

任何一家企业都有自己贡献率最大的客户，通常称为 VIP 客户。这类客户的数量不可能很多，占企业客户数量的比例很小。一般来说，企业将客户总数的 1%划分为 VIP 客户，如果一家企业的客户总数为 10 000 位，那么 VIP 客户就大概有 100 位。然而他们的购买能力大，购买金额在企业的销售额中占有的比例最大，对企业贡献的价值也最大。如果把企业的客户构成比作一座金字塔，他们位于金字塔的最顶层。企业对这类客户要采取特殊的服务政策，把他们视为贵宾，使其享有企业最尊贵和优质的服务。

（2）能够为企业提供较高利润的主要客户

VIP 客户虽然对企业的贡献大，但数量少，企业不可能把所有的精力都放在他们身上。仅次于他们的是能够为企业带来较高利润的主要客户。他们的消费金额所占比例较大，能够为企业提供较高利润。划分这类客户的方法是，在客户总数中花钱最多的 5%，再扣除 VIP 客户，剩下的就是主要客户。

如果企业所有的客户数为 10 000 位，主要客户就是扣除 100 位 VIP 客户以后剩余的大概 400 位。主要客户数目比较大，对企业的价值贡献率较高。企业要把重点放在他们身上，倾听他们的意见，研究他们的需求，以便紧紧地抓住他们。

（3）消费额一般的普通客户

这类客户数目相对较多，他们的消费额占企业销售额的比例一般，能够为企业提供一定的利润。划分这种客户的方法是，将企业总客户中20%的客户扣除前两类以后，剩下的客户就是普通客户。如果客户总数为10 000位，普通客户就是1 500位。不过，不同企业确定一般客户的比例不一样，这要根据自己的行业特点、销售时期来具体地确定。一般大体比例定为15%～30%。对于普通客户，企业也不能懈怠，要精心研究他们，培养他们。

（4）数量最大，但价值最小的小客户

这类客户是企业产品最广泛的消费者。他们离不开企业的产品，但消费额小。人数众多和盈利率小是这类客户两个最重要的特点。如果企业经营稍有闪失，小客户就会使企业亏本。小客户位于金字塔的最底层。除了上面的三类客户以外，剩下的80%都是小客户。如果总客户是10 000位，则小客户为8 000位。对于这类客户，企业没有必要花费过多的精力，只需要进行简单的维护。

根据客户的价值进行分类，就能找到最为宝贵的客户资源，这就是VIP客户与主要客户，他们是最具有价值的客户，是企业营销的重点对象。企业要加强对他们需求的研究，提高对他们服务的质量。

【案例2—2】 对客户服务信息的挖掘

一、英国最大的零售商Tesco

Tesco（特易购）是英国最大、全球第三大零售商，年收入为200亿英镑，Tesco客户忠诚度方面领先同行，活跃持卡人已超过1 400万。Tesco也是世界上最成功、利润最高的网上杂货供应商。到1999年，网上购物的客户数量是25万人，网上营业收入为1.25亿，利润率为12%（零售业一般利润率为8%）。最近Tesco出资3.2亿英镑收购了中国乐购的90%股份，是外资零售巨头在中国最大收购案，大举进入中国市场。

Tesco同沃尔玛一样在利用信息技术进行数据挖掘、增强客户忠诚度方面走在前列。通过磁条扫描技术与电子会员卡结合的方式来分析每一个持卡会员的购买偏好和消费模式，并根据这些分析结果来为不同的细分群体设计个性化的每季通讯。

Tesco值得借鉴的方法是品牌联合计划，即同竞品的几个强势品牌联合推出一个客户忠诚度计划，Tesco的会员制活动就针对不同群体提供了多样的奖励，比如，针对家庭妇女的“Me Time”（“我的时间我做主”）活动：家庭女性可以在日常购买中积累点数换取从当地高级美容、美发沙龙到名师设计服装的免费体验或大幅折扣。

而且Tesco的会员卡不是一个单纯的集满点数换奖品的忠诚度计划，它是一个结合信息科技，创建和分析消费者数据库，并据此来指导和获得更精确的消费者细分、更准确的消费者洞察以及更有针对性的营销策略的客户关系管理系统。

通过这样的过程，Tesco根据消费者的购买偏好识别了6个细分群体；根据生活阶段分出了8个细分群体；根据使用和购买速度划分了11个细分群体；而根据购买习惯和行为模式来细分的目标群体更是达到5 000组之多。而它为Tesco带来的好处包括以下几点：

1. 更有针对性的价格策略。有些价格优惠只提供给了价格敏感度高的组群。

2. 更有选择性的采购计划。进货构成是根据数据库中所反映出来的消费构成而制定的。

3. 更个性化的促销活动。针对不同的细分群体，Tesco设计了不同的每季通讯，并提供了不同的奖励和刺激消费计划。因此，Tesco优惠的实际使用率达到20%，而不是行业平均的0.5%。

4. 更贴心的客户服务。详细的客户信息使得Tesco可以对重点客户提供特殊服务，如为孕妇配置个人购物助手等。

5. 更可测的营销效果。针对不同细分群体的营销活动可以从他们购买模式的变化看出活动的效果。

6. 更有信服力的市场调查。基础数据库的样本采集更加精确。

以上所列带来的结果，自然就是消费者满意度和忠诚度的提高。

二、德国麦德龙现购自运制商场

德国麦德龙集团（METRO）是当今欧洲第三、世界第五的贸易和零售集团，拥有六大独立销售业态。其中，麦德龙现购自运制公司（METRO C&C）最具竞争力和特色，其销售额约占集团销售的50%，居全球各大现购自运制商业集团之首，拥有绝对优势。麦德龙集团在我国投资建成的锦江麦德龙现购自运有限公司已经在我国开设了26家现购自运制商场，进入我国短短十年时间，吸纳会员300余万人，其规模日益庞大。

麦德龙面对的消费群不是个人和家庭，而是通过会员制的形式，锁定具有批量购买能力的终端零售商和机关事业单位。

基于会员制的现购自运制成功的关键因素之一在于其强大的客户关系管理系统，扎实到位的数据分析技术遥遥领先于本土竞争对手。GMS客户管理和商品查询系统与客户开发部门（CC），乃至整个商场的高度整合很大程度上促成了麦德龙的成功。

1. GMS 客户管理和商品查询系统领先同行

全球所有的麦德龙现购自运商场均采用向 ORACALE 公司订制开发的“GMS 客户管理和商品查询系统”，由计算机对客户数据和商品销售情况及库存数据进行管理和控制，能根据历史资料自动预测销售、制订采购计划，产生订单，功能强大，在全球零售贸易集团中仅次于沃尔玛的决策支持系统，为开展全面的客户关系管理提供了强有力的信息支持。研究报表是各级管理阶层主要的日常工作内容之一。

由 GMS 系统生成的各种年度、季度、月度、周、日销售报表，包括库存报表、各时期销售总计报表、各时期分类销售统计报表、各年同期各类商品销售对比报表、各年同期分类客户数和账单数对比报表、各时区横向和纵向销售对比报表、修正报表、商品修改列表等。从多角度将数据整合成有用的信息，是商场及总部预测需求、适应变化、为客户提供及时应变商品和服务的重要依据。

GMS 客户管理系统界面包括客户单位编号、名称、地址、电话号码、传真号码、持卡人姓名、开卡日期、所属客户种类、购买各类商品金额的各年度统计、详细购买记录等情况。

GMS 商品查询系统界面包括商品编号、商品描述、供应商编号、供应商描述、价格、到货日期、到货数量、总销售量、库存、增值税率、是否处在广告期、是否专卖商品、是否零售商品、是否限制商品、最小起订数量（质量、体积）、有效天数、所属销售部门、种类及订货建议等详尽信息。

客户的每次购买行为通过 POS 机扫描商品条码都自动记录在系统当中，库存等动态商品数据、相关购买信息自动生成，进入商品管理系统，同时生成客户购买信息，将金额、种类记入该客户的购买统计数据中。

由于 GMS 系统在商场各部门、各商场、各区域总部、国家总部及德国总部之间实时相连，且一般有英语及所在国语言两个版本，因此查看数据非常方便，更便于集团高层掌握与控制全局。

2. 人与系统充分协调

人工与自动系统充分协调配合，麦德龙现购自运商场的客户开发部门以 GMS 系统为支撑，不仅起到信息桥梁的作用，更注重以尽可能低的价格为专业客户提供高质量商品及系统商业方案的管理宗旨，充分体现与专业客户共同发展、创造双赢的先进客户关系管理思想，不同于其他商场的类似部门。

客户开发部门（CC）是麦德龙现购自运商场进行客户关系管理的重要门户，

为充分保障 GMS 系统更有效地进行客户关系管理，麦德龙的客户开发人员每天都会在外出拜访客户之前调用《ME600 表》，查看该客户在商场的历史消费记录，包括消费时间统计、种类统计、金额统计、最大成交额等，并结合商场该时期内商品价格为客户事先制订一个推荐采购计划，往往主动、及时地满足了客户需要。对于大宗客户，GMS 系统有更为详细的销售统计和分析技术。除此之外，客户开发人员每天、每周、每月、每年都要依据 GMS 实时生成的各种销售报表制订详尽的客户开发计划，客户开发部门密切注视各种类和各时区、路段客户的销售增幅，随时调整计划。每天工作结束，客户开发人员要根据拜访情况填写各种表格来更新 GMS 系统中的客户资料数据和销售建议，并提供针对性的服务和信息支持。

麦德龙还积极建立稳定的信息渠道，通过电话拜访、咨询员专访、邮寄麦德龙邮报、信件联络、客户交流会等形式促进信息反馈，了解市场，修正其经营策略和管理决策。

第 2 节　客户服务沟通管理

学习单元 1　信息传播过程

学习目标

- 掌握信息传播过程的有关理论
- 熟悉信息传播方案设计

一、信息传播过程

1. 信息传播过程理论

信息传播过程理论是关于信息发送者通过选定的渠道把信息传递给接收者的理论。营销的可感受性即营销信息能够被消费者有效感受到的程度。现实中的情况是企业营销信息的可感受性普遍较低，传播信息不能为消费者有效地理解，导致企业营销传播的低效率。

该理论涉及的参与者包括信息发送者、信息传递者和信息接收者。其涉及的活动包括编码、传送和解码，并且信息传播过程还受到内部和外部噪声的干扰。该理论的模型如图 2—2 所示。

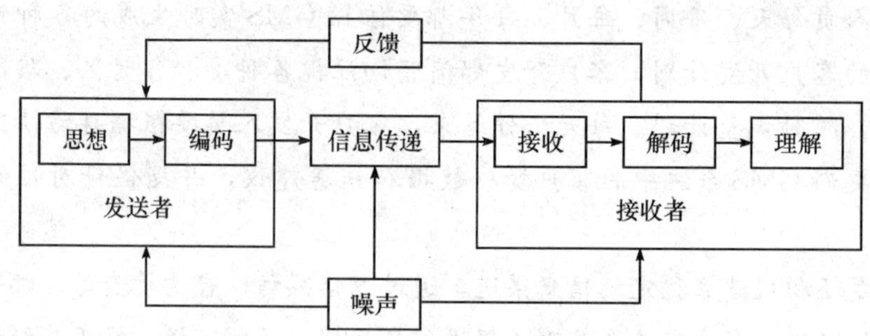

图 2—2　信息沟通过程模型

2. 沟通渠道的建立

在客户关系管理中，还需要熟悉服务渠道管理。服务渠道，根据场合的不同，被分为三类：现场服务、电话服务和网络服务。

下面，介绍这三种渠道的服务，以及相关的要求。

（1）现场服务

现场服务是指客户与服务人员的面对面接触。现场服务具有三方面的特点：

1）发生在一定的场合。“现场”这个词已经表明了这一点。服务的现场也是多样的，可能是在公司提供的场合里，比如卖场；也可能是在客户的家中，比如上门安装电器；还可能发生在第三方的场合里。

2）对客户服务人员的要求多。相对于后面两种渠道的服务来说，现场服务对服务人员有着更多的要求，比如说仪容、仪表。后两种渠道的服务并不是对这些方面没有要求，而是相对来说这些方面对客户的影响比较小。

3）有利于对现场的维护。在面对面交往的过程中，客户服务人员会直接观察到客户的喜怒哀乐，然后采取相应的对策。但在非现场的交流中，只能从声音里判断，这就增加了客户服务人员识别客户心理的难度。

对于现场服务的有关内容，可以从两个维度去认识，即交际技巧和处事技巧，如图 2—3 所示。

现场服务的交际技巧包括仪容、仪表、语言等方面。良好的仪容、仪表是现场服务的重要组成部分，是体现客户服务人员专业、可信赖的重要方面。

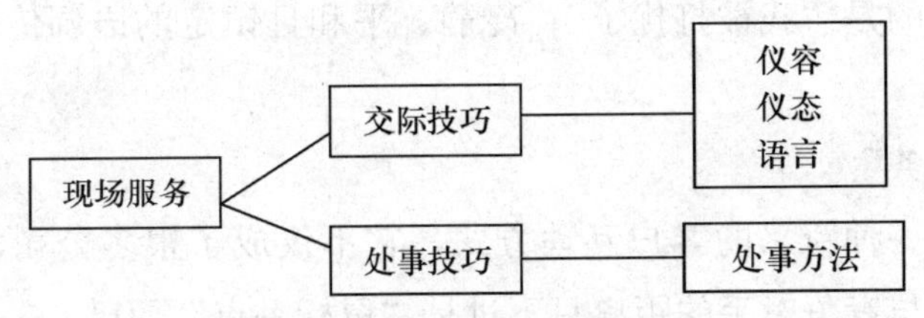

图 2—3　现场服务的划分维度

现场服务的处事技巧包括的是处理客户事件的方法。在客户服务过程中，最难处理的事件就是客户投诉，它是一把双刃剑，处理得好，会出现双赢的局面；处理得不好，会出现双输的局面。有关投诉处理的技巧将在后面进行详细介绍，这里也不再赘言。

在现场服务中，把交际技巧和处事技巧作为划分的维度，有助于记忆和理解。

（2）电话服务

电话服务有其存在的理由。科技的发展促进了电话本身（电话到移动电话，即手机）及其网络的发展，只要拿起电话，就可以从地球的一端打到另一端，现在的话费也因为竞争的原因一降再降。所以，电话服务方便了很多在距离方面存在问题的客户。另外，电话服务也解决了客户的受限问题。如果客户亲自到交易现场去，就需要经过等车、坐车、在公司里步行、排队、返回等一系列过程。如果通过电话服务，就可以一个电话拨向公司的服务热线，是否遇到“线路忙，请稍候”暂不讨论，总之它省去了很多环节。因为这些原因，很多客户愿意通过电话表达需求和解决问题。

在电话沟通中，因为无法看到对方，这就产生了一种特殊的环境：

1）双方都看不到对方，所以打电话的人不确定对方是否就是自己要找的人，接电话的人也不知道是谁打来的电话。

2）打电话的人不知道接听的人是否愿意接听电话。

3）因为无法运用肢体语言，所以，接听的人接收的信息比较少，而打电话的人也很难得知接听的人是否收到、理解和同意自己的话。

4）更容易无意中打断对方的谈话。

5）语调变得重要。一般来说，电话沟通中 85％的信息传递是通过语调实现的，只有 15％的信息是通过措辞实现的。在电话沟通中，语调能有效传递一个人的态度。大声且快速的说话传递的是“我很气愤”的态度；快速且高声的语调传递的是“我很情绪化”；缓慢而单调的语调传递的是“很失落或厌烦”；快速、生硬且单调的语调传递的是“我被打扰了”；冷静、平和且镇定的语调传递的是很正常的心态。

(3) 网络服务

网络成就了一种新兴的客户互动方式，它不仅成了很多公司面向社会的新媒介，同时也使你与竞争对手的距离只不过是“鼠标一点”而已。一个公司的良好网络服务包括网址容易找到和打开、信息方便下载、网站设计漂亮、网站有价值、电子邮件回复及时等。因为最后一项与客户服务人员关系更为密切，所以，重点讲述有关这方面的知识。

电子邮件流量逐年递增，2001 年就超过了电话的通讯量。可见，懂得如何运用这种服务渠道来改善客户关系是多么重要。

1) 对电子邮件的认识。电子邮件作用非凡，发送邮件的价格相对便宜；非常便捷，快速发出，快速收到；沟通时不需要双方同时在线，电话服务和现场服务都需要双方同时“在线”；可以很容易地把同一文件传给多个人；办公自动化，有利于节约纸张，保护森林和地球。

不过，正如所有事物都具有矛盾的两面一样，电子邮件服务也有它的缺陷。无法用肢体语言和语调来明确并改善沟通内容，双方接触到的都是冷冰冰的机器和毫无感情色彩的文件；同商业书信相比，没有一种普遍认可的格式，语言运用随意；邮件容易送去，发送者可能写出情绪化的内容；电子邮件的容易送出还导致一些人在不恰当的时候错误选择这种媒介；电子邮件大同小异，难以区分优先顺序；很难通过电子邮件确立一种关系；很难确定无形的客户标准，因为要确定这些标准多是要依靠个人接触。

2) 电子邮件的规范化。还是有一些方法能够帮助规范电子邮件的发送，从而发挥它对客户的积极作用。好的网络礼仪可以建立与客户的正面关系。什么是好的网络礼仪，见表 2—1。

表 2—1　　网络礼仪比较

好的网络礼仪	不好的网络礼仪
☆了解给你写电子邮件的客户的风格，是惜墨如金型还是开朗热情型，并用相同的风格进行回复 ☆在主题栏写明邮件的目的 ☆明确说明你希望收信人做什么以及何时回复	☆对粗鲁的客户邮件以牙还牙 ☆忽略主题或使用模糊的主题 ☆使用不恰当的问候语或签名 ☆在格式、拼写、标点、段落、版式、语法等方面马虎大意

续表

好的网络礼仪	不好的网络礼仪
☆检查是否把要说的都写全了，而且没有废话 ☆除了检查内容，还有检查语气 ☆通过模仿客户的写信风格，与客户建立友好的关系 ☆检查排版和语法方面的错误，这也是发送中的一项要求 ☆最后还要通读几次，做最后校正	☆使用大写字母或连串的标点符号强调感情，这不适合与客户的邮件往来 ☆使用行内人熟悉的缩略语 ☆乱用抄送功能 ☆假设对方的系统与你的兼容

3）“电子化”的友好关系。通过模仿对方的用词、表达方式和使用具有感观色彩的语言，就能够建立友好的关系。

客户服务人员选择和客户相同的表达风格，会让客户觉得放心，因为这种表现方式使客户觉得大家是一个类型的人。所以，在读到客户发来的电子邮件时，注意他们使用的关键词语和表达方式，并在回复中加以模仿。

在面对面的交流中，可以动用视觉、听觉和触觉。但是在书面沟通或电子邮件沟通中，就很难融入自己的感觉。不过，依然有一些方法可以帮助电子邮件看起来更有“人”气。

在邮件中包含一些具有感观色彩的词语和表达方式。视觉：“看看”“关注到”“观察到”；听觉：“很高兴听到”“听上去不错”；触觉：“感觉不行”“感觉不错”。

在来信中寻找带有感观色彩的词语和表达方式。每个人都会有自己一种特别偏爱的感观，而且这种感观也会体现在我们的语言和表达方式中。如果用同样类型的感观色彩的词语和表达方式去回复，客户就会觉得大家是“同道中人”。

二、营销传播设计

营销传播是企业的重要工作之一，IMC（整合营销传播）创始人唐·舒尔茨甚至认为：21 世纪营销创新的重点只有两个，一个是传播，一个是渠道。

那么，如何才能有效进行传播策略企划呢？通常，企业的传播策略决策包括确定目标受众、确定传播目标、设计信息、选择传播渠道、编制传播预算、促销组合决策六个步骤，抓好这六个步骤，企业的传播工作基本可以做到有章可循，有条不紊。

1. 确定目标受众

营销人员必须在一开始就能确定明确的目标受众，这些目标受众可能是企业产品的潜在购买者，也可能是目前的使用者；可能是决策者，也可能是影响者；可能是个人，也可能是团体。目标受众将极大地影响着企业的传播决策：说什么，如何说，何时说，在什么地方说，谁来说。所以，必须认真对目标受众进行分析。对目标受众作分析的一种常用方法是“印象分析法”，即通过调查来了解受众对本企业、本企业产品及竞争者的印象。

例如，对某区域的居民就当地四家医院（A、B、C、D）的熟悉程度和态度进行调研后发现：对于 A 医院，多数人熟悉并喜爱它；多数人对 B 医院不大熟悉，但熟悉它的人都喜爱它；熟悉 C 医院的人对其均持否定态度；D 医院被认为是一所糟糕的医院，虽然大家都知道它。很显然，每家医院都面临不同的任务：A 医院必须维持它的良好声誉和高知名度；B 医院必须设法获得更多人的注意；C 医院必须找出人们不喜爱它的原因并采取改进措施；D 医院应该设法改变它的不良形象，在改进服务品质的基础上重新寻求公众的注意力。

2. 确定传播目标

可以从购买者购买准备的六个阶段（或深入程度）——知晓、认识、喜爱、偏好、确信、购买来确定应采取的行动。

（1）知晓

如果该目标市场上的多数目标受众不知道本企业或本企业的产品，那么，信息传播的任务首先是要使大家“知晓”。

（2）认识

目标受众可能对企业或产品已经有所知晓，但知道得非常有限。

（3）喜爱

目标受众已经比较了解本企业及本企业的产品，而且他们对本企业及本企业的产品较有好感。

（4）偏好

目标受众已经喜爱本企业的产品，但并不比其他产品更有偏好。此时，信息传播的目的应该是设法建立客户偏好，如可以宣扬产品的质量、价值、性能或其他特征。

（5）确信

某一目标受众可能已经偏爱本企业的产品，但尚未发展到要购买的阶段。

（6）购买

有些目标受众处于确信阶段，但尚未做出购买决定，他们可能在等待进一步的信息并计划着下一步的行动。此时，信息传播的目的应注重吸引其作出最终购买决策。

3. **设计传播信息**

设计传播信息需要解决 4 个问题：说什么（信息内容）？如何符合逻辑地叙述（信息结构）？以什么形式来叙述（信息形式）？谁来说（信息源）？

（1）信息内容

即寻找“诉求点”，它是引起受众注意的核心思想，通常有 3 种方法：理性诉求；感情诉求；道义诉求。例如，春节本是民族味十足的中国传统节日，可许多跨国公司在中国的分支机构都入乡随俗，纷纷用中国传统的过年风俗装点“门面”。麦当劳总是在岁末推出身着唐装的吉祥物小猫，为店堂增添喜庆情调；诺基亚在新品发布中以中国传统的红、黄二色为包装主打色，由寿桃头、小辫髻的中国孩童充当“形象大使”；可口可乐更是精心营造出活灵活现的“小阿福”，为新老客户拜年。正是这些让中国消费者备感亲切的小创意使这些企业在中国获得了更多的认知和认同。采取本土化的营销战略是许多公司在目标市场上获得成功的秘诀之一。应该说，跨国公司之所以能成为跨国公司，其背后肯定有特色卓著的产品或服务做支撑，而它们的驻外分支机构既要保持这种特色，又不能一成不变地“克隆”，必须根据分支机构所在国的地理、人文状况作适当的调整，麦当劳、诺基亚、可口可乐就是实践这种经营战略的成功代表。

（2）信息结构

关于信息结构，美国耶鲁大学著名教授霍夫兰特的研究已经在提出结论、单面与双面论证及表达次序方面做出了较为权威的阐述。他认为：最好的广告是提出问题，让读者和观众自己去形成结论。在单面信息情况下，“渐降”的表达方法（一开始即提出强有力的论点）有助于引起注意和兴趣，已经受到影响的受众对“渐升”的表达方法可能更为有效。在双面信息的情况下，问题就成了是首先提出正面论点还是最后提出正面论点。

（3）信息形式

必须为信息设计具有吸引力的形式，有三种常见的信息形式：

印刷传播——需要额外设计标题、文稿、插图和颜色，需要设计别具一格的版面，注意信息的长短和位置，并注意颜色等因素。

电台传播——除了上述部分因素外，还须额外选择字眼、音质（讲话速度、节奏、音量、发音清晰）、音调（停顿、感叹、哈欠）等。

电视或人员传播——除了上述一些因素外，还必须加上体态语言、面部表情、举止、服饰、姿势、颜色、气味、尺寸、外形、质地、发型等因素。

（4）信息源

有吸引力的信息源所发出的信息往往可以获得有效的注意与回忆。比如，可以采用名人做广告代言人。在选择“信息源”时要把握信息源的可信度（包括其专长、可靠性、公众喜爱程度等因素）。例如百事可乐的广告策略。

4. 选择传播渠道

必须选择有效的信息传播渠道来传递信息，而且，应该在不同情况下采用不同渠道。信息传播渠道有人员和非人员两大类，并且各有许多子渠道：人员传播渠道是指两个或更多的人相互之间直接进行信息传播，包括倡议者渠道、专家渠道、社会渠道；非人员渠道主要包括印刷媒体、广播媒体、电子媒体、气氛（整体配套的环境）、新闻发布会、庆典等。

目标市场的广告投放及媒体选择应视目标市场的规模来定，但从实用性考虑，还必须结合市场的区域扩展需要，适时、适地做好媒体选择。例如，2002 年年底，北京某市场调查公司针对北京、上海、广州、成都四城市居民抽样调查客户对广告名牌产品的记忆度，结果总结出以下几点：排名前 10 位的品牌中，外资品牌占了 8 个，国产品牌仅有 2 个；此 10 大品牌基本上都是同类产品中的市场领导者；竞夺 CCTV 标王的品牌榜上无名；除“脑白金”外，其他品牌在广告片的立意上新颖独特，符合潮流趋势。根据进一步分析，这十大品牌在目标市场的媒体投放选择上所采取的媒体策略是以省级台为主要传播渠道。反过来看，2002 年前两年参加 CCTV 黄金段位竞标的企业品牌没有进入这 10 个名字之列，它们有些在媒体策略上采取了“CCTV 投一部分标”与“重点投省级台”相结合的道路，市场反馈效果表现尚可；有些企业采取了“CCTV＋地市台”的媒体投放策略，却没能将市场拓展面做大，市场仅局限于小范围区域，造成了市场资源的严重浪费和投入风险的加剧——它给企业所带来的负面影响甚至是致命的。

企业在选择传播渠道时一定要注意实用性。那么，企业如何才能把握好目标市场开发与媒体选择的实用性呢？

（1）明确目标市场中的媒体状况

各区域由于媒体市场状况不尽相同，企业在考察及选择媒体时，要考虑到媒体对企业市场区域及未来需要拓展区域的涵盖能力和传播效力，以媒体对企业产品市场的目标区域的覆盖及传播能力决定媒体投放选择形式及规模。

（2）根据市场开发战略来选择媒体

例如，中小企业进入一级市场的难度很大时，可能会把二、三级市场的开发作为初期拓展的重点。此时，应把媒体对二、三级市场的覆盖及传播能力作为一项重要指标，从而选择恰当的媒体投放。

(3) 点点连线，点面结合

企业应结合目标市场的媒体特征和市场拓展进度来选择媒体。以开发江西市场为例，如果产品将覆盖几个地市，可选择省台 1～2 个频道，从而可以形成点点相连的“线性”投放规模；如产品销售区域将覆盖全省，则可以选择“省卫视频道＋省台其他个别频道”的投放模式，形成点面结合的“集合交叉”投放规模，从而防止覆盖上的疏漏并提高产品对目标客户的接触率。之所以选择上述投放模式，是因为江西的媒体状况与其他省的情况不同：省会城市台及地市台市场攻击力弱，而省台的市场优势则非常突出（卫视频道对一、二、三级市场的涵盖能力很强）。

5. 编制传播预算

编制传播预算即企业打算在目标市场上投入的营销推广费用，这是最困难的营销决策之一。编制传播预算需要考虑企业的整体营销战略、区域营销目标等因素。不同的企业有不同的预算方法，经常采用的方法有量入为出法、销售百分比法、竞争对策法等，这里不作赘述。

6. 促销组合决策

这是把总的传播预算分配到广告、公关、销售促进、人员推广中的一项营销决策。在做促销组合决策时应考虑以下四个因素：

(1) 产品市场类型

促销工具的有效性因“消费品市场”和“企业市场”的差异而不同，经营消费品的企业一般都把大部分资金用于广告，随之是销售促进、人员推广和公共关系。经营工业品的企业把大部分资金用于人员推销，随之是销售促进、广告和公共关系。

(2) 推拉战略

推动战略要求积极使用销售队伍和贸易促销，通过销售渠道推出产品，企业采取积极措施把产品推销给客户；拉动战略要求在广告和客户促销方面使用较多的费用，建立客户的需求欲望。

(3) 购买者准备阶段

广告和公共宣传在创造声誉阶段意义重大；客户的理解力主要是受广告和人员推销的影响；客户的信服大都受人员推销的影响；销售成功主要是受到人员推销和强大的促销的影响；重复购买也大都受人员推销和销售促进及广告的影响。很明显，广告和宣传推广在购买者决策过程的最初阶段是最具成本效应的，而人员推销和销售促进应在客户购买决策的较晚阶段采用以获得最大的效应。

(4) 产品生命周期阶段

在引入阶段，广告和宣传推广有很高的成本效应，随后是人员推销以取得分销覆盖面积和销售促进以推动产品试用；在成长阶段，由于客户的相互转告，需求可以自动保持增长的势头，所有促销工具的成本效应均会降低；在成熟阶段，销售促进比广告的成本效应更大，广告的成本效应比人员推销更大；在衰退阶段，销售促进的成本效应继续保持较强的势头，广告和宣传的成本效应降低，而销售人员只需给产品予以最低限度的关注即可。

【案例 2—3】 R 品牌可乐整合营销传播

R 品牌可乐在中国市场树立了年轻、活泼、时代的完美品牌形象，实现了整合营销传播理论的成功应用，达到与最大竞争对手分庭抗礼的效果。

一、广告传播树立“酷”的品牌形象

R 品牌可乐的品牌形象已近成熟，十分鲜明。广告元素的立体化运用给年轻受众建立了一个以“酷”为核心的品牌形象，迎合了“渴望无限”的理念，迈出了 R 品牌可乐整合营销传播连续战术中的第一步，并且将“酷”这个词贯彻始终，保持了“整体与统一”。R 品牌可乐运用了名人广告效应，采用足球和音乐两个主题来吸引自己最大的目标客户：年轻人群。让大家熟悉的明星接受寻常人的挑战，来争夺 R 品牌可乐的拥有权，通过与年轻人互动的方式传达“渴望无限”的品牌灵魂，树立“年轻、活泼、时代”的品牌形象，达到了与消费者双向交流的目的。

R 品牌可乐也有很多没有明星参与的广告，运用荒诞式、幽默式、比较式等多种广告表现形式，拉近 R 品牌可乐与受众群体的距离，同样树立一种“渴望无限”的理念，再加上品牌本身形象时尚、向上，自然受到年轻受众的追捧。广告覆盖电视、广播、报纸、杂志、招贴等多种媒体类型，无论是哪种形式的 R 品牌可乐广告，在构图、配色、服装和创意方面都体现出“酷”的品牌形象，并且大量使用 R 品牌可乐经典的红、白、蓝色搭配，使 R 品牌可乐的品牌符号渗透到广告传播的每一个角落，真正符合了整合营销传播要求的“整体与统一”。

二、公共关系树立“亲”的品牌形象

公共关系是另一个十分重要的营销工具，公共关系包括设计用来推广和保护一个公司形象或它的产品的各种计划。R 品牌可乐始终以社会道德及正义作为出发点，迎合大众心理需求及时代要求。在公共关系上选择了十分亲民的形象，积极主持和赞助各种公益、慈善和环保事业，如捐助灾民、开办运动会、举办各种音乐演出、支持公益项目、参与环保治理项目等，给消费者带来“亲”的基本印象。

支持公益事业是 R 品牌可乐公共关系的一大主线。建立“百事博爱图书馆”，百事中国于 2007 年在百事农场所在地内蒙古和河北启动了“百事图书室”公益计划，为贫困地区的学校捐赠图书和图书室设施；推行“百事明天计划”，这是一项与中国红十字会共同推出的全国性长期公益项目，旨在关注流动农民工子女的受教育问题；资助“母亲水窖”项目，从 2001 年起，百事公司开始资助全国妇联下属中国妇女发展基金会组织实施的“母亲水窖”项目，以救助中西部地区贫困缺水的母亲和少年儿童，改善当地人们的生活条件。此后，多次扩大资助规模，成为“母亲水窖”项目最大资助方。大量并且持续地参与公益事业为 R 品牌可乐“亲”的品牌形象打下了坚实的基础。

援助灾区、捐助灾民是 R 品牌可乐的又一大公共关系举措。在汶川大地震次日清晨，R 品牌可乐中国区管理团队做出快速反应，决定向中国红十字会捐赠 100 万元人民币，以最快的速度帮助地震中受灾的广大民众，并积极组织协调各方物资，捐赠 R 品牌可乐旗下饮料和食品，安排人力将这批物品送达受灾最为严重的地区，以解当地民众的燃眉之急。灾后重建期，R 品牌可乐又投入资金启动了“四川力量”大型公益项目，通过实施“零负担再就业援助计划”等灾后援助项目，协助灾区群众重建家园。同时百事基金会与四川百事（饮料）有限公司在重灾区北川投资建设一所抗震小学，以表达对四川灾区特别是对四川儿童的进一步支持。通过向灾民提供生活必需品，灾后支援重建等实实在在的救援行动，在消费者中树立了良好的口碑，稳固了“亲”的品牌形象。

环保项目也是百事公共关系中的一个重要角色。首先，从 R 品牌可乐的生产厂房做起，建立了多套水处理系统，如轻微污染水回收处理系统，用来收集包装物清洗水，处理后用于室内地面清洁；再如，处理后污水再处理系统，将处理后已经达到排放标准的水再处理用于环境绿化、车辆清洗和厂区地面清洁等。其次，R 品牌可乐还积极投身环保治理事业，从 1994 年开始，百事公司在中国内地广泛开展马铃薯种植项目，以解决土地沙漠化等一系列问题。这些从根本上解决环境保护问题的行为，更是将“亲”的品牌形象做了进一步的提升。

三、跨媒体营销树立“潮”的品牌形象

R 品牌可乐在 2009 年的百事群音活动中，成功地运用电视直播、网络直播、点播、投票、博客等互动手段进行跨媒体营销，创造了网络选秀直播参与人数多、互动形式强、直达效果好等多项营销记录，成功地将 R 品牌可乐“潮”的品牌形象根植于消费者心中。

百事群音是全国范围内首创的乐团选秀节目，喊出“百事我最潮”的口号，创意新颖，给受众群体带来了“潮”的先决印象。在选秀过程中，浙江卫视电视直播，播出主赛场画面和比赛进程，PPLive网络直播，播出幕后画面，包括选手台前准备、台后体会等，全方位的媒体覆盖使受众能更加细致地了解参赛的乐团，与此同时，还通过网上博客、论坛评论、手机投票等方式与受众群体进行信息交流与互动，达到各个角度的信息渗透。

在百事群音的跨媒体营销中，品牌标志是出现最多的宣传元素。比如，官方网站设计中，大量运用红、白、蓝色品牌色调，网站背景平铺R品牌可乐品牌标志；主赛场以蓝色为主色调，有大量印满品牌标志的R品牌可乐宣传板；饮料产品在主持人手上、嘉宾桌上随时可见；为形象代言人五月天打造了以品牌标志为核心图案的乐器及服装；比赛奖品、奖杯设计均以品牌标志为主题。在所有的传播过程中，R品牌可乐都把自己的品牌形象巧妙地糅入媒体，使品牌形象传播更为广泛。由此可见，R品牌可乐在宣传品牌标志上下足了功夫，力争做到了“战术的连续性”。此外，五月天还为R品牌可乐创作了主题歌曲《放肆》，歌中蕴含了“勇敢去闯，勇于追梦”的情感，完美诠释了R品牌可乐“渴望无限”的理念，对“潮”的品牌形象作了进一步的升华。

四、网络营销树立“新”的品牌形象

R品牌可乐在网络营销中主推一个“新”字，创新成为R品牌可乐网络营销活动的主旋律。通过网站宣传、举办竞赛活动等形式创建了一个“新”的品牌形象。“百事我创，全民上罐”活动就是R品牌可乐网络营销的典型案例。通过上传受众自己的照片，用网络票选方式决出10名最终的百事罐身明星，将其照片登上百事纪念包装。该创意大赛的方式，宣扬了R品牌可乐“新”的理念，加上受众直接参与比赛，增加了品牌形象与受众的直接沟通，达到交互式沟通的完全渗透，完整树立了R品牌可乐“新”的品牌形象。

在网络营销过程中，网页制作的页首、页眉、背景、配色都延续R品牌可乐的一贯风格，口号的提出都秉承R品牌可乐的一贯精神，保持了品牌的延续性，达到了很好的营销效果。近30年来R品牌可乐成功地扩大了在中国市场的份额，这种市场的培养和成长，与R品牌可乐实行的整合营销传播战略密不可分。

学习单元 2　客户服务需求识别

学习目标

➢ 掌握客户服务需求的概念、特点和方式

➢ 熟悉客户服务需求的预测

一、客户服务需求

1. 客户服务需求的概念

根据马斯洛的需求层次理论，客户的需求是不断发展变化的，随着较低层次需求的满足，就会追求更高层次的需求。企业的客户需求是千差万别的，对于客户的需求，客户服务人员需要进行提前预测。

一般而言，客户需求有以下四种：信息需求、环境需求、情感需求、便利需求。

（1）信息需求

信息需求的内容主要是有关产品或服务质量、价格、品种等方面的信息。比方说客户去餐厅吃饭，那么他的信息需求就是希望知道餐厅有什么菜，哪道菜是招牌菜，哪道菜的口味最好，多长时间能够端上来，价格是多少等；如果客户的手机需要维修，这时他的信息需求就是要维修人员告知手机出了什么毛病，修理需要多长时间，大概会花多少钱，这些是客户非常关心的。要满足客户的这种信息需求，就要求服务人员做好充分的准备，而这种准备就要求服务代表不断地充实自己的专业知识，因为只有具备了很高的专业知识，才有可能为客户提供满意的服务。

（2）环境需求

作为服务人员，还要预测客户对环境的要求。客户会对环境有什么要求呢？假设客户去银行取钱，当他需要写东西的时候，可能需要把椅子；在天气很热的时候，客户希望营业厅里开着空调；如果需要客户等候很长时间，那么他一定希望有一些书刊、杂志可以打发时间，这些称之为对环境的需求。

当然，环境需求还包括其他一些因素。比如有的客户带着小孩子，这时他的需求可能就不一样了，他希望能够为他的孩子提供一个玩耍的场所，很多大的商场里面都有托管儿童的区域，在托管区内设置一些玩具，儿童可以在里面玩，这样家长可以去自由地选择商品，而孩子可以交给商场的员工来代管。如果是电话服务，也同样有一些特殊的环境需求，比如客户需要在接听电话的时候能够有一个安静的环境，不要过于嘈杂，因而很多企业的坐席都有很好的隔音装置，就是为了让客户能够清晰地听到服务员所说的话，这就是电话服务中的环境需求。

（3）情感需求

情感需求是客户在感情上需要获得客服人员的理解和认同。这种需求最难预测。

（4）便利需求

便利是满足个人利益的一个重点。例如，汽车变速器自动变挡的便利性是吸引许多女性购车的重要原因，电话软件设计时的简便性也是客户挑选的重点。便利性是打动许多人购买的关键因素。

2. 客户服务需求的特点

服务的需求往往很难预测。与预测大多数商品的需求相比，很多服务的需求预测则要困难得多。而且，这种需求总是变化多端，并且变化还往往在很短时间内发生。

原因之一是，对于外出就餐、看电影，或者是理发这样的服务消费来说，其决定通常都是心血来潮，受到了当时环境的诱惑。换言之，对于这些服务来说，人们不会早早地作出计划安排。例如，小孩因耳朵感染去看儿科医生，对于这类服务的需求也是没有计划的。这些都使得对服务需求预测十分困难。

原因之二是，有些服务的需求会出现波峰和波谷的差异变化。对有些服务来说（诸如快餐、公共交通、电力），需求的起伏是可以预见的。而在另一些服务中，情况就完全不一样了。

3. 影响客户服务需求的方式

服务机构并不能直接控制对服务的需求。服务的需求受很多因素的制约，例如，价格、竞争者的供给和价格、潜在客户的收入水平以及服务的便捷度等。

（1）定价

定价可能是最直截了当的方式。对于大多数服务机构来说，降价会增加需求，涨价则会产生相反的作用。定价策略的另一个常见的方法则是短期的价格变动。一些服务机构以低于正常的价格提供服务，从而把需求从高峰期转移到非高峰期。价格刺激足以使一些客户在低需求的阶段接受服务，因此会降低需求波动的激烈程度。这种应用的例子包括在夜间和周末降低长途电话和移动电话的资费、降低晚上六点之前的电影票票价、提供红眼航班等。当然，对于有效利用资源（例如劳动力和设施）来说，转移高峰期的需求显得十分重要。如果这样的转移不能缓解需求，服务机舱则必须建立足够的设施来满足最大的需求，或者放弃在高峰期需要服务的客户。前一种选择的结果是不能有效地利用资源，在非高峰期，器材和员工得不到有效的利用。后一种选择的结果会使利润明显地下降，甚至难以维持经营。

（2）预订/预约

在需求管理中，很多服务机构经常使用另一种方式，那就是通过预约或预订来提供服务。这可以看作是服务的“库存”或“延迟发货”。这种方式适用于紧缺的服务项目。对于客户来说，其价值是显而易见的。航空公司、宾馆、医疗机构、律师事务所和高雅的餐厅等，都可以通过预约或预订来提供服务，而不保证每位随意走进来的客户都能接受到服务。预约或预订通常能保证一个稳定的需求水平，并且保证需求不会超过计划的上限。这种经营方式对客户也是有利的。最大的益处可能在于可以保障在预定的时间里获得服务。这样做也能帮助客户节约时间，因为客户不必排队等候。预约方式的另一个好处是消除了客户的焦虑。他们不必担心能否得到服务、何时能接受服务以及他们对此还要等待多久等。

预订方式的一个不足之处是客户爽约——也就是说，客户进行了预约或预订之后未能如约而至。当然，如果没有另外一个客户能够马上取而代之，就会影响服务机构的收入。航空公司和宾馆经常会遇到这样的麻烦。由于不大可能在很短的时间里发现一个新客户，所以，类似的服务机构运用一种称为超额预定的方法。宾馆会接受超过其客房数目的预订客户。这样做的结果是减少了航班座位、宾馆客房空置的概率，但是当出现的客户的数量超过可提供的座位或房间时，他们也会陷入困境。若遇到这种情况，通常的做法是向预订了但是又没有得到服务机构兑现的客户给予补偿。例如，提供到美国任何地点的免费机票，并让其乘坐下次航班；若是在宾馆，则为客户在附近找一个相当的宾馆提供免费住宿。

（3）预先告知

有时给客户一个简短的消息就可以降低需求的高峰。告示、广告和减价的消息都可以说服客户在非高峰期接受服务。例如，告知客户在非高峰期接受公交交通、国家公园、博物馆和邮局等的服务会有很多好处，包括低价、不拥挤以及更舒适的乘坐或观赏等。“圣诞节礼物提早邮寄”，这是人们耳熟能详的美国邮政服务的电视广告。

（4）提供具有反向循环的需求模式的服务

一些服务中的需求管理极具挑战性。这一类服务具有明确的、不变的季节模式和价格刺激。预订或预先告知往往不能有效地改变需求模式或者是缓解需求高峰。在淡季，对这些服务的需求极少，甚至不存在。一个可行的补救方法是用相同的设备和人员提供额外的、反季节模式的服务。例如，为很多风景区在冬季没有风景可看的时候提供清扫积雪服务。另一个例子是，滑雪胜地提供滑干雪或者是在阿尔卑斯山山坡铺设回旋形的塑料轨道，可供带轮子的长雪橇使用，或者给山坡骑车爱好者提供骑行的坡道。

（5）提供补充服务

把客户的注意力转移到补偿性服务上去，可以减少因排队等候而造成的客户流失。在需求高峰期，补充服务会使客户能够容忍等待，而且增加了客户以后再次光顾的可能性。餐厅可以给客户提供酒吧或是休息室。在高尔夫球场，若是推迟了开打时间，球场可以给来打高尔夫球的人提供小型绿地或者是驾车游览的场所。在本质上，补充服务意味着一项服务的两个阶段。适当延长第一阶段的服务时间，可以避免客户在接受服务之前就离开服务机构。

（6）广告和推销

推销期特别价格以及广告，是在需求少于期望值的时候刺激需求的两种工具。推销指的是给客户提供额外的利益，或者是在限定的期限内降价。较为典型的例子是假日特色旅游或是附赠奖品的午夜场演出。

二、客户服务需求预测

1. 需求预测的概念

需求预测是企业所有规划的起点。对于一个企业来说，如果某项产品或服务全新，那么就必须估计它是否应该生产这种产品。企业无须先行设计此项产品，然后再进行需求的先期预测。一开始企业只要判断新产品是否有潜在的需求，或者预测在现存的产品市场中企业能占有的合理份额。因此，预测中只需考虑产品理念即可。一旦产品或服务的详细设计完成，需求预测可根据所设计产品的优点，或者与竞争对手所提供的产品的差异来进行修正。

需求预测帮助企业估计能够出售服务的单位数量，当然还须考虑对该种服务的需求和企业的生产潜力。还有，预测所出售服务的数量必须是基于一定的价格的。因此，所预测的需求决定了全年的总收益。收益预测相当重要，因为它可以帮助决断该项服务是否要上马，还可以帮助企业进行年度预算和统计分析。

2. 需求预测的必要性

良好的预测是形成计划的基础，所以，它对于各种生产系统来说是至关重要的投入。如果没有经过精心的需求预测，许多服务的提供将会变得混乱无序。下面是对服务需求进行预测的原因：

(1) 生产能力固定，需求波动很大

如果一个服务机构提供服务的能力有限，而该种服务的需求波动却很大，那么，该机构必须采取措施，以防需求比较低时的设施闲置。同样，需求超过企业的供给能力时，也要设法满足客户。比如，夏天南佛罗里达州的网球俱乐部就很空，场地的利用率只有 25%。这时就应该采取一些措施，如吸收夏季低价会员，举行网球“野营”、联欢性质的比赛、企业团体联赛以及短期培训班等来提高场地的利用率；相反，在冬季，需求超出了场地的能力，这时要采取的措施是提价来减少需求。另外，俱乐部里搞一些活动，如聚会、旅游、与设施充裕的俱乐部举办比赛等，这样就可以把需求转移到其他的场地，避免会员流失。

(2) 难以保有库存的服务系统

制造业的一个特征就是它可以较长时间地保有库存，从而比较容易通过调整来应对需求的波动。虽然许多“嵌入式”服务（如录像带、图书、地图、供输血用的血浆等）可以有库存，但大多数服务是无形的，边生产、边供给。如果服务的产出是无形的，那么服务的供给能力就必须和需求紧密匹配。延迟提供服务的时间，可能导致销售机会的丧失，或是失去声誉。

(3) 共享能力

共享能力是服务业的一项新的创新。电力行业很早就开始在美国各州之间的发电厂中运用此种经营方式。再有一个例子，休斯敦国际服务公司是连锁的公墓和殡仪馆企业的业主。他们把一些城市的殡仪馆进行联网经营，这样各馆之间就可以互相利用人力资源和汽车了。他们的竞争者也效仿，形成了相似的非正式的经营方式。很明显，对于殡仪馆来说，符合实际的预测对于规划群体的经营能力是十分必要的。

3. 服务预测的对象和形式

对于产成品而言，预测无疑是按产品的数量计算的。如果预测的是中间产品的需求，那么计量可能是吨（钢材），也可能是磅（化工制品），也可能是平方英尺（如纺织品、墙纸）或者其他相似的物理单位，也可能是产品数量（比如车辆、传动装置等）。所有这些产品很明显都是“可以计量的”。

那么，怎么预测服务呢？医院也许会统计对意外事故病人的急救手术的数量，但是这些急救手术的性质可能大不一样，手术需要的时间也有很大的差异。咨询公司希望预测服务的需求，但是各个项目在时间和复杂性上是有很大的差异的。虽然管理者对客户数量或许能够预测得很准，但是服务的内容和性质却会大相径庭。由此看来，服务预测的单位可以归纳为：

（1）客户的数量。

（2）提供服务所需要的时间。

（3）所提供服务的种类以及每种服务的数量（如餐饮、外科手术、制衣、房地产交易、银行服务和融资服务、修理工作等）。

（4）所提供产品的数量（如所出售汽油的加仑数、电话点歌的次数、所售报纸的份数等）。

生产预测和服务预测有一个显著的区别。预测生产的净需求需要用已出售的商品的数量减去退回的商品的数量。在大多数的服务中（批发业和零售业除外），服务已经消失或被消耗。因此，只有当客户因不满意服务的质量而拒绝付款时，才会发生“双向”交流。

4. 服务预测的方法

（1）影响预测方法选择的因素

与大多数经营决策一样，预测方法的选择要从经济方面来考虑。因此，要从成本收益的角度来衡量每种方法。在预测中所需要考虑的因素如下：

1）时间：包括预测所花费的时间，所需预测的紧急程度，更新预测的频率。

2）资源要求：公司能够利用的计算能力，计算机资源，财政资源。

3）输入数据的特点：前期数据的数量，数据变动范围、幅度和频率，数据外部稳定性。

4）所要求的输出数据的特点：深度和区分度，精确度。

（2）选择预测方法

许多服务业产出会因时间不同（一日中的某一时，一周中的某一日，一月中的某一周，一年中的某一月等）而大幅波动。其他影响服务需求的偶发因素有天气情况、突发消息、商品减价、经济不景气、名人轰动效应、医学研究新成果和法律解释变化（如对纳税服务行业）等。节假日和节假日前后几天同样常常也会有很巨大的需求变动。

在很多情况下，服务预测要进行综合预测，又要以小时、天为单位来预测经济活动。在生产企业里，较多的是周预测、月预测和综合预测。这就意味着，在服务行业必须频繁进行短期预测。

一般来说，所有的预测技术方法可以归为以下四种：

1）判断方法。是指管理者们往往根据经验、对市场的主观判断、直觉、个人的价值观、猜测以及专家意见来进行预测。

2）计数方法。就是计算将要购买的人们的数量。人口普查就是清点被调查的整个人口的数量。概率抽样就是计算总体中的部分的规模来估计总体的某些特征。通过这种调查，有时预测出的数据也有可能是错误的，因为调查后人们是会改变主意的，或是本来就没有如实地回答调查中所提出的问题。

3）时间序列方法。是一种计量模型。这种预测方法是基于这样一种假设，即将来的数据集合是过去数集的一个函数。换言之，这些模型是观察过去一段时间所发生的情况，然后用过去的一系列数据来进行预测。这一方法的一个缺点就是将来新的因素会推翻原先的结论。

4）因果分析法（如线形回归法）。也是一种数学模型。因果分析法结合了会影响需求的变量或因素。

虽然许多计量预测（即通过数学方法来预测）也有一些主观性，但研究人员还是认为，预测主要应该依靠定量预测所得的结果，而不是依靠主观判断。A. H. 阿什顿和 R. H. 阿什顿（A. H. Ashton and R. H. Ashton）两人已经得出结论，在许多情况下，即使是简单的计量分析法都比专家们无序地凭直觉估计要准确得多。另外，凭着判断来调整由计量分析得出的预测值会降低它的准确性。这是因为判断方法会出现偏差，管理者处理信息的能力以及持续追踪变量的能力都有限。

一方面，每一种预测方法都有它的优缺点；另一方面，每一次预测情况都不一样，它会受到时间、资金、专业能力和数据等因素的限制。管理者既要比较预测方法的优点和缺点，又要考虑进行预测希望达到的目标和所受到的限制，这是一项非常重要而又艰巨的任务。

在选择预测方法的时候，许多预测人员使用技术领先的方法，它是按照“提出问题（Problem）→确定方法（Technique）→运用方法（Application）→得出结论（Result）”这样一个顺序进行的，也就是所谓的 PTAR 方法。但是默迪克（Murdick）和乔治奥夫（Georgoff）却提出结论领先的方法，也就是按照“提出问题（Problem）→推断结论（Result）→确定方法（Technique）→运用方法（Application）”的顺序，即 PRTA 方法。按照这个顺序，由希望得到的结论来决定使用何种预测方法，而不是由选择的预测方法来决定结论。

三、客户服务需求分析

新的服务产品成功与否取决于其开发过程是否以客户为中心，只有市场驱动的服务产品才能得到客户的认可和接受。因此，服务需求分析是服务产品开发的第一步。由于客户满意的机理是将客户期望与客户感知进行比较，因此，从某种程度上说，客户需求分析就是对客户服务期望的分析过程。

1. 理解客户服务期望

服务由于其无形性和异质性，客户对服务的评价主要基于其主观的感知，企业是否满足了客户的心理预期至关重要。因此，服务企业更应细致地调查客户的心理需求，了解客户对服务的心理期望。

客户常常把服务期望作为自己的判断标准和参考依据，对企业的服务质量或客户满意结果进行评价。一般来说，客户期望实质上就是客户对企业服务传递的一种信念，客户在接受服务之后，他们将把自己的感知服务与接受服务之前所持的这种服务期望和信念进行比较。当感知服务等同于服务期望时，客户将会对服务企业做出较高的评价，并感到满意；当感知服务超出服务期望时，客户将会对服务企业做出很高的评价，并感到惊喜；当感知服务低于服务期望时，客户将会对服务企业做出较低的评价，并感到失望，进而产生抱怨。可见，服务的无形性凸显了客户期望的重要性。在一定程度上，可以说，客户期望就代表了客户的需求。因此，服务企业对客户的需求分析，就是对客户服务期望的分析和理解。服务企业要分析客户服务需求，就须对客户的服务期望结构进行分析。客户服务期望结构如图 2—4 所示。

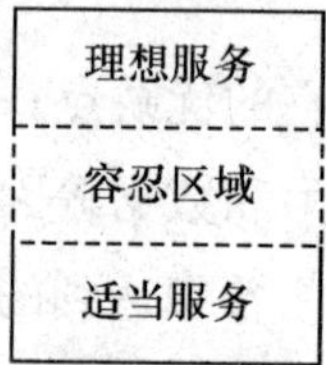

图 2—4　客户服务期望结构

(1) 理想服务和适当服务

从客户服务期望结构模型可以看出，客户对服务企业有两种不同的期望水平：一是理想服务期望，二是适当服务期望。前者是指客户的期望上限，后者是指客户的期望下限。

客户的理想服务期望是指客户想得到的服务水平，是指客户希望接受的服务。理想服务是客户认为企业应该提供的东西，是客户所希望的服务绩效水平，它是客户相信企业能够而且应该提供的服务水平，它反映了客户的希望和愿望。一般来说，理想期望是客户相信能够和应该得到的服务的一种组合期望。例如，当一位客户计划前往某一餐厅进行消费时，该客户首先会在心里对这次消费有一个总体的设想。假如是去快餐店，那么客户的理想服务可能就是在干净的环境下快速、方便地用餐；假如是去高档餐厅，那么客户的理想服务可能就是在优雅的环境中，与礼貌的服务人员交谈，享受烛光的氛围和美味精致的食物。这就是客户的理想服务期望水平。

客户的适当服务期望是指客户认为可接受的企业服务绩效水平，与理想期望相比，它是一种较低水平的期望。因为在一般情况下，客户尽管希望得到理想服务，但这种理想服务又往往是难以实现的。因此，适当服务是客户更为现实的一种期望水平，它也是客户认为可接受服务的最低门槛。适当服务代表了最低可接受的期望，是客户可接受服务的最低水平，也就是客户根据其服务经验认为可得到的服务水平。例如，当客户来到一家快餐店时，如麦当劳或德克士，虽然他对各类快餐店的理想服务期望是相似的，但基于客户在这两家快餐店的用餐经验及其他相关了解，他们可能会对麦当劳有更高的期望，而对德克士的实际期望可能会稍低一些。这就是客户的适当服务期望水平。

从以上讨论可以看出，客户的理想服务期望是相对稳定的。它基本上代表了客户对某一类服务的总体期望，如对快餐店或高档餐厅的不同理想服务期望，它是针对某一细分市场的服务需求而言，而不是针对某一家服务企业。因此，针对该类服务来说，客户的理想服务期望是相似的。与之相对，客户的适当服务期望是相对变化的，它是客户对在某一类服务行业中的某一家服务企业的期望，如对麦当劳或德克士的服务水平的期望，这种服务期望是根据客户对不同服务企业的经验差异而不同的。

（2）服务容忍区

由于服务具有异质性的特点，在客户看来，类似的服务在不同的服务提供商之间，在同一提供商的不同员工之间，都是不同的。客户知道有这种差距，并愿意接受这种不一致性，这种不一致性的程度就是容忍区，它是指客户的理想服务期望与适当服务期望之间的差距。可见，在客户的理想服务期望与适当服务期望之间，存在一个差距，这个差距是客户认为可以接受的服务区域，因此称之为容忍区。换言之，如果企业服务绩效处于容忍区间的话，那么客户对之是可以接受和认可的。如果企业服务绩效超出了理想服务期望的上限，那么客户无疑会感到兴奋和惊喜，并对服务企业做出积极评价；如果企业服务绩效低于适当服务期望的下限，那么客户将感到沮丧和不满，并对服务企业做出消极评价。

因此，对客户理想服务期望的分析，是企业实现超越客户期望、达到客户惊喜的依据。对客户适当服务期望的分析，则是企业确保不造成客户抱怨、客户不满的基础。而对客户服务容忍区域的分析，则可以使企业根据自身的服务现状和企业资源，决定是否提升服务水平以及提升幅度大小。一般来说，企业服务水平在容忍区域内的波动，对客户感知服务并不会造成本质性的影响，因此，服务企业可不必太关注该区域内的服务水平变化。但当企业服务水平接近客户的适当服务期望时，企业就必须注意不要使企业服务水平落到该下限以下。如果企业资源和能力有限，也不必力图达到客户惊喜水平，因为这对企业现有服务要求过高，需要配置太多的资源。当企业服务水平接近客户的理想服务期望时，企业也必须作出决策，是继续保持现状，还是努力提升服务水平，以超越客户期望。

2. 重视客户价值

客户价值就是指客户从某种产品或服务中所能获得的总利益与客户所支出的成本的差额。企业为满足客户的需求，必须提供相应的服务产品，这些服务能够满足客户特定的需求，并能使客户从中感觉到自己物有所值，也就是产生了感知价值体验。换言之，企业提供的服务就是客户感知价值的载体，客户需求得到满足就是客户价值感知的基础。客户之所以与服务提供商建立交易关系，最根本的原因就是客户能从这种关系中使自己的需求得到满足，并最终从中得到感知价值的体验。因此，服务企业在开发服务产品时，应该从客户的角度出发，尽量减少客户为获得服务所必须支出的成本，同时提高服务给客户带来的利益，从而提高客户的服务让渡价值，也就是客户感知价值。

在企业为客户设计、创造、提供价值时，应该从客户导向出发，把客户对价值的感知作为决定因素。客户感知价值是由客户而不是供应企业决定的。感知价值有四种含义，也就是说不同的客户对价值有不同的理解，主要包括四种类型。

（1）价值就是低廉的价格，这类客户将价值等同于低廉的价格，表明在其价值感受中所要付出的货币是最重要的。

（2）价值就是客户想从服务中所获取的东西，这类客户把从服务中所得到的利益看作最重要的价值因素，而不是关注货币支出，这是对消费满意程度的主观衡量。

（3）价值就是客户付钱买回的质量。这些客户将价值概念化为“付出的金钱”与“获得的质量”之间的权衡。

（4）价值就是客户的全部付出所能得到的全部收益，这类客户描述价值时考虑的既有其付出的因素（时间、金钱、努力），还有其得到的利益。

客户感知价值就是客户所能感知到的利益与其在获取产品或服务时所付出的成本进行权衡后对产品或服务效用的总体评价。这一概念包含着两层含义：首先，价值是个性化的，因人而异，不同的客户对同一产品或服务所感知到的价值并不相同；其次，价值代表着一种效用（收益）与成本（代价）间的权衡，客户会根据自己感受到的价值做出购买决定，而绝不是仅仅取决于某单一因素。

总之，客户感知价值的核心是感知利益与感知付出之间的权衡。因此，提升客户价值可以通过增加客户感知利益或减少客户感知付出来实现。

3. 分析客户心理需求

服务企业在分析客户需求时，很重要的一点就是要了解哪些服务因素对客户满意具有重要影响，哪些服务因素容易导致客户的不满意，这两种服务因素之间的关系如何。只有这样，服务企业才能在后续的服务设计中明确应该关注哪些与客户需求相对应的服务因素。

消费者只是根据有限的一些属性对产品进行判断，其中一些属性对客户满意至关重要，而另一些属性则并不关键，但一旦缺乏这些属性或这些属性表现不佳时，客户就可能产生不满意情绪。为此，提出了两种决定性因素：一是工具性因素，即实体产品的绩效；二是情感性的因素，即产品的心理绩效。他们认为，满意往往与超出期望或与期望相同的情感性结果相关联，而不满意往往与低于工具性结果期望的绩效相关联。要实现满意，企业就必须在工具性和精感性结果两方面都达到客户的期望。虽然他们的研究主要是针对产品，但对于服务企业来说，同样具有重要的启示意义。

可见，不满意因素对于企业服务来说并不是良好绩效的充分条件。要实现客户满意，企业服务还必须同时具备满意因素。从管理视角来看，满意因素代表了服务企业创建优势的方向。因此，将客户需求心理因素区分为保健因素、激励因素，这对服务设计和服务战略的实施都具有十分重要的意义。

（1）不满意因素

不满意因素是指必需的服务要素，它通常很难从客户访谈中识别出来。因为客户认为这些服务要素是应当具备的，是理所当然的，因而往往在调查中客户并不在意。但是，一旦缺乏这些服务要素，将会即刻导致客户的不满意。例如，在前台服务中，客户通常认为可以用信用卡进行支付。如果有这种服务，并不意味着客户就会对企业的服务产生满意感，因为这在客户看来只是一个起码的要求。相反，如果企业不提供这种服务，就可能即刻引发客户的不满意。在这里，不满意因素其实就相当于赫兹伯格提出的工具性因素，也可称为保健因素。

（2）满意因素

满意因素是指企业所提供的积极的服务属性，它们往往是客户适当服务期望中所没有的，它通常隐含在客户对特定企业的理想期望之中。相对而言，满意因素一般可以通过传统的营销调研识别出来。因为客户会对这些服务要素有一种心理上的期望，一旦感觉到服务要素，客户将会感到满意，并将愿意保持与企业之间的交易关系。同时，我们还可以进一步将满意因素细分为满意因素和惊喜因素两大类，前者是指导致客户满意的服务要素，后者是指导致客户惊喜的服务要素。因此，惊喜因素对服务企业来说是一种更高的要求，它也更能有效地强化企业与客户之间的交易和情感关系。在这里，满意因素其实就是相对于情感性因素，也可称为激励因素。

在此有两个方面需要特别引起注意：一方面，不满意的根源并不一定就是满意的根源的反面，如可靠性是不满意的主要决定因素，但并不是满意的关键决定因素；另一方面，客户期望是随着时间而变化的。随着客户接受服务的次数增多，久而久之，客户对那些惊喜因素逐渐习以为常，这些惊喜因素就可能转变成为满意因素，而满意因素也有可能转变成为不满意因素。例如，旅客可以在宾馆房间选择收看不同的电影节目，这种服务在20世纪80年代以前，对不少旅客来说可能是一种惊喜因素，但现在最多也只能算是一个满意因素而已。因此，服务企业在进行服务产品设计时，应该按照不满意因素、满意因素和激励因素的具体类别，对关键的客户需求属性进行分析。

可见，不满意与满意并不是对立的两面，不满意的根源与满意的根源并不就是非此即彼的关系，服务的无形性因素对服务质量和客户满意具有正面和负面两方面的重要影响。这对于服务企业的启示是：企业服务战略必须在剔除不满意因素的同时，努力提高满意因素，否则企业就无法达到客户满意的经营目标。

不同的服务行业以及不同的服务企业，它们各自的不满意因素与满意因素是大不相同的。为此，服务企业必须结合自身实际进行分析。首先，服务企业需要将服务划分为具体的属性，可以根据服务质量的可靠性、响应性、保证性、移情性和有形性五个维度，细分为具体的服务属性要求；其次，服务企业可以开展客户调查，根据客户调查确定不同服务属性的权重；最后，服务企业将自己的服务现状与竞争对手的服务现状进行比较分析，找出当前企业服务的不满意因素和满意因素，为服务设计确定战略方向。

【案例2—4】 知客户者得天下

雷沃公司是一家专门生产优质太阳眼镜的公司，由一些前美国航空航天局的科学家创建。这些科学家们曾参与一项专门技术的开发，研究用于航天器表面的玻璃，保护暴露在外层空间太阳强光下的高灵敏度仪器。作为业界新秀，雷沃开创了一种全新的优质高价的太阳镜系列，每副眼镜标价在 150 到 300 美元。公司迅速壮大，最后被转卖给眼镜行业的全球领先企业——Luxottica 集团。

雷沃公司本可以运用生动的广告来强调产品的高科技含量——既能百分之百地防紫外线和红外线，又不会使镜片失真。而事实上，雷沃却另辟蹊径，从滑雪场、垂钓场和划船运动场着手，观察并和那些戴太阳镜的人进行交流，想方设法了解这些潜在客户在滑雪、钓鱼和划船时的感受。比如，当滑雪者从“猫跳道”上往下滑时，太阳镜是否会妨碍视线，影响滑雪者选择能够获得最大乐趣的路线？又或者，如果看得更清楚，垂钓者能不能钓到更多的鱼呢？雷沃尤其关注那些在各自领域内富有创新意识的客户——他们热衷于自己的兴趣爱好，非得给自己配上最新、最好的装备不可。

为了实现客户价值最大化，雷沃公司逐渐意识到，客户需要的不仅仅是优质的雷沃太阳镜片——可以让他们在滑雪时滑得更顺畅，或者在钓鱼时能够看到更多的鱼，他们还需要匹配的镜架，既舒适又时尚。雷沃还发现，其目标客户对自己的爱好一般都抱有长期的兴趣。因而如果镜架不合适，让客户觉得长期佩戴不舒服的话，镜片的技术含量再高也是枉然。

第3章
客户服务控制

第1节　客户服务质量控制

学习单元1　客户服务效果评估方法

学习目标

- 了解客户服务评估的定性方法
- 了解客户服务评估的定量方法
- 掌握定性和定量方法评估服务效果

一、定性方法

客户服务测评的定性方法可以帮助企业全面收集和了解客户对服务体验的意见和看法，能更好地帮助企业提高客户服务质量。而且这些意见和看法可以进一步通过定量的方法进行调查和验证，增加客户对服务质量评价的科学性。

定性调查方法能够初步探明客户的观点和意见，是了解客户服务体验的最佳方式。为了确保用于量化客户服务体验的方法的测评对象是客户而不是经营组织，试探性的定性调查是很必要的。经验表明，客户焦点小组和一对一的深入谈话是试探性定性调查的两种有效方法。

1. 客户焦点小组

客户焦点小组实际上是调查活动，小组由十来个客户和一位主持人组成，在主持人的引导下，客户们以开放式论坛的方式讨论他们的服务体验、观点、感受和意见。通过举办客户焦点小组可以有效地帮助组织全面了解客户的价值观、对服务的预期，这种方法对于企业探明今后的服务内容和发展方向也是非常有益的。

(1) 客户焦点小组的举办次数

焦点小组是一个在区域水平上听取和采纳客户意见的务实方法。举办客户焦点小组的次数取决于听众的规模和客户的地理分布广度。实践表明，一旦焦点小组的次数达到 8～12 次，就会出现重复的议题，尽管这些议题通常具有区域性或者在不同的组织中表现各异。与此同时，还应考虑在每个地方（或很多地方）举办更多的焦点小组所能带来的潜在收益。

(2) 客户焦点小组的客户选择

从现有的客户群体中召集客户参加焦点小组是最常见的做法。焦点小组也可以邀请那些已流失的客户或者潜在的客户参加。筹备焦点小组时，一定要确保客户的代表性，即对服务感到满意的客户、无所谓的客户和不满的客户都应该作为小组成员参会。有时也需要考虑是否有必要举办分类焦点小组，如小客户焦点小组、大客户焦点小组等。

常见的举办客户焦点小组的方法主要有三种。

1) 客户自愿参加，如在店内张贴海报或在合适的网站发布消息。英国的全国建筑协会就是通过这种方法召集焦点小组的。

2) 个人邀请，如通过信函或当面邀请的方式。英国的 Lloyds TSB 公司使用的就是这种方法。

3) 通过市场调查机构来召集，这种方法对市场份额还较小的企业非常有用。

(3) 客户焦点小组获取信息的方式

焦点小组可以通过多种方式、多种渠道获得信息，探知客户的感受。通常使用投射法，它是借助视觉形象、表演、图画和其他创造性工具促使客户表达其看法和观点的方法。

随着信息化的发展，焦点小组也要使用新的媒体手段应对不同情况和局面，通过视频，客户的情感表达更能触动企业管理者，从而促使其痛下决心采取改进措施。网络的使用也逐渐普及，客户们能在网上进入一个开放论坛，畅谈自己的看法和观点，或者在网上创建社区，这样客户就会成为社区的一分子。如网络零售商handbag. com在网站上开发了社区界面，客户可就广泛的问题如健康和健身、职业和理财等交流意见。他们在该社区驻足的时间是同类聊天室的10倍。但企业也要注意一些消费者的负面言论和宣传，如美国的Un－tied Airlines（意为不连接的航线，指联合航空公司服务质量差）、Wal－Mart Sucks（沃尔玛吸血鬼）等。为了避免此类情况的发生，企业非常有必要在自己的网站上开设客户论坛，倾听他们的意见与反馈。随着技术的飞速发展，企业需要关注并采取变通的手段与他们的客户进行沟通。

（4）客户焦点小组的运作通则

1）焦点小组筹备时间为3～4周，以确保客户的日程安排。

2）焦点小组人数以10人为宜。人数太多很难充分表达意见。

3）选择合适的焦点小组地点，一般来说应是对所有参会者而言位置居中的地方。有些企业在自己公司举办焦点小组，如AA公司在本企业举办焦点小组，以借机向客户展示其控制中心。还有一些企业选择在酒店或专门的客户焦点小组中心举办焦点小组。这些焦点小组中心装配有透明玻璃，企业代表不用进入会场也可以看到焦点小组的实时进展情况。

4）选择合适的焦点小组时间。

5）致函给每一位参会者。

6）会前应致电所有与会客户，以确保他们出席。估计到一两位客户可能缺席。

7）精心筹备和一位独立主持人的有效引导是客户焦点小组成败的关键。

8）建议指定一位中立的主持人在企业当地召集焦点小组。

9）筹备焦点小组时，要充分考虑到焦点小组的议题、筹备过程和时间长短。焦点小组时间宜为1～2个小时，这取决于议题的数量。

10）谨记要在焦点小组开始前至少半个小时到达会场，因为有些客户有早到的习惯。

11）焦点小组刚开始时应讨论简单的、没有争议的话题，使参会者轻松进入状态，打开话匣子。在讨论具体问题之前谈谈常见或带共性的话题会比较好。在焦点小组过程中，主持人应因势利导，提出开放式的问题，以鼓励与会者畅所欲言。

12）提供中场休息。让客户在整个焦点小组中感到轻松舒适是很重要的。

13）提供物质刺激鼓励客户参会。

14）企业应至少派1～2名代表列席焦点小组，他们的作用是招呼客人。焦点小组开始后他们应坐在旁侧，观察情况，做做笔记。如果遇到具体问题，他们可以在最后对提问者进行解答，但必须言简意赅，不得参与讨论，毕竟客户焦点小组就是让客户唱主角。另外，经客户允许，也可以将焦点小组录像，以便企业的所有员工了解焦点小组的情况。

15）应对棘手的参会者。有时候焦点小组会出现难以预料的复杂情况。本来让 8～10 个素不相识的人聚在一起就会产生不少问题和社交压力。如参会者中可能有一些人情绪特别激动或者滔滔不绝，主持人要想方设法控制局面。

（5）客户焦点小组结果的跟踪和落实

焦点小组结束后，主持人需要做一些事情跟踪和落实焦点小组的情况：

1）撰写焦点小组记录并提交给有关人员。焦点小组记录包括表达客户感想和情绪的关键词句以及逐字逐句的评述。

2）分析数据，推测趋势。将数据变成需要在企业里或区域级别上讨论的问题，包括正在产生的带共性的问题、所在地特有的问题等。

3）向客户公布焦点小组的结果。以 Asda 公司为例，该公司在商店入口处张贴大幅海报，让消费者了解企业已经根据焦点客户的反馈意见采取了相应的服务改进措施。

2. 一对一深入会谈

另一个客户服务测评的定性方法是一对一的深入会谈。这种方法既可以作为试探性调查的一部分，也可以是单独进行的。它适用于消费者市场和商业市场。不过，由于成本较高，这种方法通常用于重点客户或重要的客户群体。

建议聘请一位专业采访人主持一对一的深入会谈。谈话的成效取决于采访人的沟通技巧和现场应变能力。采访人应在会谈开始时就给客户以信任感，表明他们的意见和看法将受到尊重并作为企业改进服务的依据。如果不外聘专家，企业也可以在内部找一位适合的采访人，他们应该能够与被访者建立融洽的关系，产生共鸣；能够保持中立；能够提出开放式和有针对性的问题；能够做一个积极的倾听者；能够准确地记录谈话的内容。

根据深入会谈与试探性调查的关系，可以把深入会谈分为两大类。

第一类是作为试探性调查部分内容的深入会谈，也就是说深入会谈是试探性调查的部分内容。在这种深入会谈中，采访人往往不能事先准备好议题，因此谈话的内容是被采访人所主导的，因为被采访人是主角。在会谈实践中，采访人首先要寻求有关客户在使用某产品和服务时最关心的问题的答案，并记录下这些问题的答案，特别是他们最先说出的答案。然后采访人要求被访者把所关心的方面按照其重要性排序，可以选择部分客户来完成这个任务，这样采访人就能了解客户最关心的问题之所在。最后采访人要向客户了解企业的服务与他们的预期相差多远。在实际谈话中，采访人将使用之前环节所获得的有关客户最关心的问题的信息作进一步讨论，而不是根据客户对服务满意程度的答复来深入地问问题。不过，为做好总结，确保谈话的实效，采访人需要同时兼顾这两个方面的内容。

第二类是试探性调查之后使用的深入会谈，可以采取半结构式会谈或结构式会谈。结构式会谈类似客户焦点小组，采访人会问一些开放的或需要打分评级的问题。这些问题是让客户就不同项目，如同意、重要性或满意度进行评级打分。对采访人来说，重要的是要了解客户为什么要给出那样一个答案，特别是那些要打分评级的问题。半结构式会谈指的是采访人事先有一个准备讨论哪些话题的清单，这个清单是基于前期的调查而得出的。采访人在谈话时会根据这些话题因势利导，鼓励被访者进言。采访人还会启发客户提出一些他们认为重要的问题，如果客户确有重要的问题要陈述，采访人应灵活变通，而不拘泥于原先计划好的步骤继续谈话。

不管使用哪种方法，采访人都需要和被访者之间建立融洽的关系，便于谈话过程中双方有效地互动和沟通。采访人态度应该谦虚诚恳认真，使客户感到宾至如归，自己的心声得到倾听，自己的意见受到尊重。如果客户允许，将谈话进行录音效果会更好。有时候被访客户会拒绝录音，这就要求采访人做好笔记。在谈话结束后，要对被采访者表示谢意，同时还要对一对一会谈的数据进行处理，了解企业做得好的地方和需要改进的地方。还要和该客户保持联系，通告谈话后意见采纳和措施落实的情况。

3. 定性调查的其他方法

由于普遍认为定性调查方法突出了客户友好性，调查者与客户之间的互动性也更好，加之客户在调查过程中唱主角，调查的结果更真实，不易被组织者的主观意愿所左右，所以，该方法已成为定量方法的有益补充和测评客户服务有效性的有效工具。

目前，不少企业都在投资定性调查的其他创新方法。比如，英国航空公司在他们的出发和到达厅设立了录像亭，旅客可以直接对着摄像镜头表达自己的意见和看法。还有些企业通过在网上设立聊天室和面对面的论坛来收集客户的意见。

二、定量方法

客户忠诚度调查的泰斗——弗雷德里克（Frederick F. Reichheld）说：“我已经放弃了满意度调查，它们不管用。”他写过两本有关客户忠诚度的书，一本是《The Loyalty Effect》（1996 年由哈佛商学院出版社出版），另一本名为《Loyalty

Rules》(2001 年由哈佛商学院出版社出版)，详细地探讨了客户忠诚度的问题，他认为客户忠诚度是企业赢利和发展的驱动器。在他看来，客户调查中常犯的错误有：

(1) 问的问题太多。

(2) 调查的目标客户不对。

(3) 调查的时间和频度有问题。

(4) 组织内部缺乏根据调查结果采取行动的责任感。

(5) 针对调查的结果采取的行动不彻底。

(6) 能够使制度正常运转以产生有利结果的“辅助政策”不足。

下面结合以上经验讨论有关定量调查的方法与措施。

1. 设计调查问卷

设计调查问卷时，最好是关注客户最关心的问题，然后围绕该焦点问题进行提问，如问客户对他来说最重要的是什么，有助于弄清楚客户对服务不同方面的期望值。

下面以某培训顾问公司要求客户就其提供服务内容的满意度进行评分为例进行说明。表 3—1 是他们收到的调查结果（评分用 1～10 表示，1 表示非常不满意，10 表示非常满意）。

表 3—1　　培训客户满意度水平

服务内容	满意度（1～10）
培训地点	6
住宿条件	5
食物	7
培训教材的质量	6
培训师的知识水平	8
培训师与学员的关系	9
培训师鼓励和支持学员的情况	8
培训师的授课技巧	7

从上表可以看出，住宿条件是客户最不满意的地方。那么该公司今后最应该在这方面加以改进。其他需要改进的地方还包括培训地点和培训教材的质量等。

设计问卷时如果换个角度，先要求客户对服务各方面的重要性进行评分，然后再问他们的满意度，调查结果就会大相径庭，见表 3—2。

表 3—2　　培训客户期望值和满意度水平

服务内容	重要性（1～10）	满意度（1～10）	值差
培训地点	6	6	—
住宿条件	6	5	−1
食物	9	7	−2
培训教材的质量	6	6	—
培训师的知识水平	10	8	−2
培训师与学员的关系	8	9	+1
培训师鼓励和支持学员的情况	8	8	—
培训师的授课技巧	9	7	−2

调查时，首先要求客户评估各服务内容的重要性，然后再回答满意度的问题。用满意度的数值减去重要性的数值，得出一个值差，从而可知哪些方面最需要改进。从表 3—2 可以看出，值差最大的是培训师的知识水平、授课技巧和食物三项（它们的值差均为−2），也就是说这三个方面是培训公司今后改进服务的重点，其他需要改进的方面为住宿条件（值差为−1）。

这个调查结果与第一次调查的结果相去甚远。这种方法可以帮助企业了解哪些服务做得好，超过了客户的期望值（如培训师与学员的关系，该项值差为+1）。此种方法还不会误导企业盲目追求那些在客户看来不重要方面的高满意度。

（1）客户满意度与保留率

美国有一个名为美国客户服务满意指标（American Customer Satisfaction Index，ACSI）的机构，该机构每年都会对客户的满意度进行调查。ACSI 发现，对满意度的评分与销售增长并不相关。K-Mart 公司就是这样一个例子，客户的满意度很高，但是销售却没有增长。所以，客户满意您的服务并不意味着他们会继续消费或推荐给朋友使用。

企业在客户满意度调查方面所花的时间和费用是巨大的，遗憾的是这种调查不能准确有效地测评客户对企业是否忠诚，因此也就不能准确有效地测评企业提供的服务是否尽如人意。与之相比较，开展客户忠诚度调查效果更好一些，如客户们有无流失？他们是否更加关注您的产品和服务并推荐给朋友？

弗雷德里克的研究表明：开发一个新客户的成本是留住一个现有客户成本的 5～9 倍。如果客户保留率增长 5%，那么利润增长率将达到 20%～125%。

（2）客户关系管理

客户关系管理（Customer Relationship Management，CRM）是一个基于计算机系统的管理工具，借助 CRM 企业可以测评与客户之间关系的类型和质量。通过对比客户以前和现在与企业进行交易的情况，CRM 可以帮助该企业做到：

1）快速地收集客户数据。

2）锁定一直以来最有利可图的那些客户。

3）预测客户的消费习惯和模式。

4）通过促销提升客户忠诚度。

5）降低客户服务成本。

要创建一对一的客户服务关系，CRM 一般根据客户的现实和潜在价值对其进行细分并决定是否将他们作为目标对象。

近年来，各企业都在 CRM 上投入了巨资，调查机构 Gartner 近期的一份报告显示，70%的 CRM 实践都不成功。问题在于，CRM 常常是受技术的驱动，技术就意味着人力成本。盖乐普调查机构发现，在客户眼里，人是最重要的决定其对某品牌忠诚度的因素。

客户的保留率本身也很难测评，即使运用 CRM 也难以奏效。忠诚度是有程度的。比如在银行部门，客户如果不满意某行的服务会大幅减少该行账号的存款余额，并很少使用该账号，但客户还是会保留该账号，而不是销户。

（3）忠诚度分级

调查机构 The Leadership Factor 的调查表明，客户的忠诚度往往是分等级的：

1）别无选择：比如，要从伦敦飞往法国南部城市尼姆（Nimes），只有一趟直达航班，这是唯一的直达航班。

2）无所谓：比如，18 岁以来我一直都在同一银行用着同一个账户。Inertia 银行要我把这家银行的账户注销去他们那里开户，对个人来讲没什么影响。

3）物质刺激：比如，我在英国石油公司（BP）那里买汽油，因为在那里消费可以积分。

4）方便：比如，我在 Marks and Spencer 食品店购物，因为它正在我下班回家的路上。

5）情有独钟：比如，我去 Pret A Manager 快餐店买面包，因为这是我最喜欢的面包店，我还介绍给其他人。

（4）有关忠诚度的问题

除了在调查中考虑到重要性和满意度以外，将忠诚度纳入测评是非常有益的。

弗雷德里克曾调查了 14 个案例，其中一个与忠诚度最密切相关的问题是："您会把本公司推荐给一位朋友吗?"

另外一个办法就是将假设的问题——"您会把本公司推荐给一位朋友吗?"变

成有关过往经验的问题——“您是否曾将本公司推荐给一位朋友?”

还有就是要问客户重复消费的问题，“如果时间能够倒流，您还会选择我们的产品吗?”

Natwest 在其信函调查中提出了以下有关忠诚度的问题：

如果有人要您向某个想开个银行账户的人推荐一家银行，您向其推荐您账户所在分行的机会有多大？请见表 3—3。

表 3—3　　分行的机会

完全有可能	很可能	不太可能	根本不可能

运用定性的调查方法就是要找到对客户来说真正重要的东西，要以客户为中心设计调查问卷，而不是主观臆断只问自己认为重要的问题。在定性调查方法中，重复问同样的问题对客户来说仍具有意义，因为他们的期望值是随着时间变化而变化的。有这么一家公司，每年都要作一个调查：当公司 15%的客户咨询转到互联网上时，他们就会对接听来电的响应速度进行测评。

2. 信函和电子邮件方式的问卷和调查

以下是设计该类调查问卷的一些有用方法。

(1) 确保问卷简单，容易完成。

(2) 在问卷版面设计上要赏心悦目，要留有足够的空白，字体适中，便于阅读。

(3) 语言简洁明了，通俗易懂。例如，说“车主”，而不说“已注册汽车的拥有者”。

(4) 在前言部分要介绍此次调查的目的，以及组织者为何希望倾听客户的意见。

(5) 阐明组织者将对客户的回复进行保密。

(6) 阐明调查结果将作何用途。

(7) 完成问卷的指令部分要简短、中肯。

(8) 准备一个已付邮资的回邮信封，或是提供回复的邮箱地址。

(9) 用客户的语言问一些从试探性调查中发现的问题，尽量避免行话或专业术语。

(10) 要按逻辑顺序组织问题，以便客户理解。例如，应该先问联络服务提供商有无障碍，然后再问该组织是否注意到了服务问题的重要性。

(11) 开始的问题要简单，使客户能够很快完成。

(12) 确保问题和答案要对得上号。

(13) 了解客户的个人信息（如年龄、职业等）的问题，要放在调查表的最后。

(14) 调查表篇幅不能太长，问题越多回复率越低。

(15) 确定要问客户问题的类型：

单项选择：如，“您了解这种商品吗?”答案：是或否。

多项选择：如，“最能说明这个问题的词是哪个?”之后要有多个备选答案。

自由选择：如，“选择尽可能多的词来描述……”

开放式问题：如，“请说明理由。”

评级：如，“把您的选择按优先顺序排列。”

评分：如，“对您给出的那些答案各分配一个分值，总分为 10 分。”

(16) 不要在一个问题里出现两个问题，如“销售代表是否进行了详细询问并且告诉您他们的名字了吗?”这实际是两个问题。

(17) 不要出现可能使调查结果出现偏差的问题，如“我们的服务是一般还是良好?”这实际上是先入为主，认为自己的服务不差。

(18) 不要问带有诱导性的问题，如“您同意客户咨询时自动转接给顾问更方便的说法吗?”而应该问“客户咨询时自动转接给顾问是不是更方便呢?”因为前面那个带诱导性的问题会诱导客户给出“是”的答案。

(19) 避免出现不明确的字眼，如多久、经常、许多之类，客户对这些字眼的理解千差万别，比如“经常”到底是多经常?

(20) 问到有关不同服务内容的问题时，有必要请客户对组织的表现作出评价，这个答案可以作为测评客户满意度的指标之一。例如：总的来说，过去半年您对最常去的分行的服务满意程度如何? 见表 3—4。

表 3—4 满意程度

非常满意	相当满意	谈不上满意不满意	相当不满意	非常不满意

(21) 如果您决定使用重要性对比满意度的评分，来测评客户相对于满意度的期望值，建议先问有关对服务内容满意度的问题，然后再问有关服务内容重要性的问题。换言之，应该先评估组织的表现，然后再了解客户的期望值。

(22) 记住要留一定篇幅让客户填写定性的评论。其中一个好办法就是让客户自己总结他们对服务满意的地方和不满意的地方。Smith 公司的问卷调查里就有这样的内容，如：

1）想一想您所享受的本企业服务，您能说都满意吗？

2）您能说说对本企业服务有所不满的地方吗？

(23) 在将调查问卷发放给所有的目标客户之前应先寄给一小部分客户，看看是否还存在什么问题，是否需要修改和完善。

(24) 要留意那些有特别需要的客户，做好安排，调查时不要漏了他们。

(25) 选择适宜的时间寄出调查表，应避开繁忙时段，如暑假或圣诞节，否则回复率会很低。

(26) 在寄出调查表前要考虑一下如何分析问题的答案。

3. 对客户的回复分级

在信函和电子邮件调查中，组织者必须做到事先心中有数，估计客户会作何反应，这便于系统地统计和分析数据。

(1) 对客户的回复进行分级的方法有许多种，以下是一些可以采用的方法：

1）以词语分级，例如，要求被调查者就满意度的回答：十分不满意、相当不满意、谈不上满意不满意、相当满意、十分满意。

这种测评态度的评分方法叫做赖科特评分法（Likert），这种方法要求每位答卷人用某个评估级对各项内容进行评分，例如，要求用1～5给每项内容评分：1＝强烈反对；2＝不同意；3＝尚未决定；4＝同意；5＝非常赞同。

不同情况下，评估等级可能会有所不同（比如，1～7分，1～9分，0～4分）。所有定为单数的等级都有一个中间值（如1～7分，中间值为4分），用“中立”或“尚未决定”等来表示。

如果选用这种评级法，必须平衡肯定和否定的答案，如：非常不高兴；很不高兴；谈不上高兴不高兴；很高兴；非常高兴。

在接下来的问卷调查表中，一定要使用客户也会用到的描述符号，注意不要出现只有一个否定的选项，以免造成调查结果的偏差，如：差；谈不上好或差；好；非常好。

如果用以上这种不平衡的方法来调查，企业可以拥有95%的客户满意率，而这95%是“谈不上好或差”“好”“非常好”三项评分的总和，可以预见，由于选项设计有问题，导致调查结果不能反映客户的真实想法，从而也会进一步误导企业。

还有一个需要关注的问题就是习惯性。如果问题只有4个或5个选项，大多数人可能选择“不好不坏”或者“相当好”的选项。很少人会选择最两头的选项。实际上，选择“良好”还是“优秀”是有一定区别的。

如果选用词语等级法，建议题目里有 7 个选项，如：非常不满意；不满意；有些不满意；谈不上满意不满意；还算满意；满意；非常满意。

一家电信公司曾在问题里列了 9 个选项：沮丧；非常不满意；不满意；有些不满意；谈不上满意不满意；还算满意；满意；非常满意；欣喜。

这样被调查者就有更多的选择，得出的结果也更可靠。

还有一种办法就是给出偶数个选项，其中没有中立的选项，这样迫使答卷人必须在同意或不同意、满意或不满意之间作一个倾向性的选择。

2）以数字分级，顾名思义，要求客户用一定范围内的数字（如 1～5 分）对服务的各项内容进行评分。

对分数的设计应认真考虑，如果只设 1～5 个分值，那么被调查者几乎会毫无例外地选择中间的分值。使用这种方法的调查结果通常为 3～4 分，企业的客户满意度平均在 3.75 分左右是正常的，难怪有些人在作答时会不由自主地去掉了最高的 5 分，而选择了 3 分或 4 分。

同样，当您将词语等级转换成数字等级时，也会遇到类似的问题，例如：非常不高兴＝1；相当不高兴＝2；谈不上高兴不高兴＝3；很高兴＝4；非常高兴＝5。

最后的调查结果可能为 3～4 分。

最好是用 10 分制（1 代表最低，10 代表最高）来测评客户的满意度和对各服务项目重要性的看法。答卷人可能给出一个 6 分或 7 分的平均分，他们常在 5～9 分范围内选择，很少给到 10 分，给 1～4 分的可能性也很小。设定这样的分数跨度，能够获得更准确的调查结果和统计数据。另外，如果进行周期性的调查并用 10 分制评分，那么有关重要性和客户满意度的变化会比采用 5 分制的变化更明显，见表 3—5。

表 3—5　　10 分制和 5 分制的差别

	第一季度/平均分	第二季度/平均分	第三季度/平均分
10 分制	7.4	7.8	7.6
5 分制	3.7	3.9	3.8

其次，也可以用 6 分制。这样可以避免因设立中间项所带来的问题。

最后，在提问“请回忆前段时间接受服务的情况”这个问题时，要提供“记不起来了”这样类似的选项。另外一个解决办法就是，在答题说明里注明不知道时可不填。

（2）信函调查实例

下面是典型的信函调查表实例。

1）请看用10分制测评客户满意度的问卷样本，见表3—6，这里也有不符合要求的调查表的例子。如调查表中没有给出评分的标准，这样如果发出大量的调查表，是很难对回复内容进行分析的。

表3—6　　调查表

首先感谢您选择本店的产品和服务。

为了更好地满足您的需求，请就我们之前的服务发表您的意见和看法。如果有些问题您记不起答案或者不相关，请留空不填。用1～10分给以下内容进行评分：

10　9　8　7　6　5　4　3　2　1

十分满意　　完全不满意

	评分
在合理的时间内处理服务预约的情况	——
处理电话咨询的情况	——
本店的营业时间	——
在前台等候的时间	——
服务部门的办公环境	——
前台接待人员的服务态度	——
员工向您了解情况和提供帮助的意愿	——
是否物有所值	——

如果有一项或多项的评分为6分或以下，请简要说明原因。

感谢您的帮助。

2）下面是使用Likert方法调查牙医服务的问卷，见表3—7。

表3—7　　牙医服务的问卷调查表

病人问卷调查表

我们非常重视您关于客户服务质量的意见，您的意见将有助于我们把工作做得更好。为了给您提供最好的服务，我们希望了解您的所思所想。

您可以留下姓名，此调查表是完全保密的。

您只需在每个问题相应的答案处打钩（√）。如果非常同意，则选5，反之则选1，如果介于两者之间的答案，可选4、3或2。

	非常同意				强烈反对
营业时间	5	4	3	2	1
1. 营业时间和天数方便病人。	□	□	□	□	□
该如何改进？					
报到处和等候室					
2. 接待人员向我问候。	□	□	□	□	□
3. 接待人员友好善助。	□	□	□	□	□
4. 接待人员提供我所需的信息。	□	□	□	□	□

续表

5. 等候室装潢漂亮。	□	□	□	□	□
6. 海报和图片精美。	□	□	□	□	□
7. 座位舒适、摆放整齐。	□	□	□	□	□
8. 供阅读的杂志为精心挑选。	□	□	□	□	□
9. 房间整洁。	□	□	□	□	□
10. 房间令人愉悦、舒适。	□	□	□	□	□
牙医和治疗情况					
11. 我可以和牙医自由交流。	□	□	□	□	□
12. 牙医认真听我说话。	□	□	□	□	□
13. 牙医向我解释治疗方案。	□	□	□	□	□
14. 我们讨论不同的治疗方案。	□	□	□	□	□
15. 牙医给我在家护理牙齿的建议。	□	□	□	□	□
16. 牙医的建议很容易做到。	□	□	□	□	□
17. 牙医将我的痛苦和不适降到最低限度。	□	□	□	□	□
最后					
我们该如何改善对您的服务？					
感谢您的帮助！					

3）使用多项选择题的调查表节选，见表 3—8。

表 3—8　　多项选择题的调查表

想一想您在这家分行办理业务的情况，选择以下问题的最佳答案：

1. 员工

他们总是走上前来欢迎您的到来吗？

总的来说对您比较留心和礼貌？

表现有礼但似乎对您不太在意？

让您感觉不受欢迎？

2. 柜台服务

任何时候开放的窗口都能满足客户量的需要？

总的来说开放的窗口能够满足客户量的需要？

开放的窗口通常都不能满足客户量的需要？

开放的窗口一直都不能满足客户量的需要？

3. 自动柜员机

任何时候都运作正常？

通常运作正常但偶尔出现问题？

经常有问题？

完全没法用？

4）使用开放式问题的信函调查表，见表 3—9。

表 3—9　　开放式问题的信函调查表

作为我们的尊贵用户，请谈谈您对我们的产品、服务和设施的总体看法。	
产品种类和可得性	
产品质量和创新程度	
价有所值	
员工友好善助情况	
工作效率	
泊车	
其他评论	
姓名： 地址： 邮政编码： 电话号码：	
您愿意参加客户焦点小组吗？ 愿意□　不愿意□	

5）使用带偏差性评估等级的调查表，见表 3—10。

表 3—10　　带偏差性评估等级的调查表

我们的宗旨是积极认可、响应和超越客户的期望。

为达成这个目标，请配合填写此表，在您认为适合的空格处打钩。

酒店接待	优秀	良好	差
订房效率	□	□	□
服务态度	□	□	□
服务水平	□	□	□

意见：

房间			
总的清洁程度	□	□	□
房间设施	□	□	□
舒适程度	□	□	□

您认为应该增加哪些设施或改进哪方面的服务？

____

____

意见：____

____

表 3—10 中这份调查只用了三个评分标准：优秀、良好和差。可以想见，调查结果一定会与实际情况产生偏差，因为客户只有三个答案可供选择。实际上，“优秀”“良好”和“差”这三个概念之间相去甚远，只用这三个指标会过于简单、笼统。

(3) 问卷回复率

信函或电子邮件问卷调查的回复率一般为 10%～20%。下面一些情况或做法将有助于提高回复率。

1）客户对调查主题特别感兴趣。

2）调查表是一位署名的企业代表寄出的，而且随附的回邮信封注明了收信人。

3）采用鼓励手段提高回复率。比如，组织者将对回函进行抽奖，或前 100 名回复者可以获得一份礼物。

4）企业在销售网点或网站上对此次活动进行宣传，或者销售代表适时提醒客户此事。

5）建议调查表内容不要超过 4 页。

6）在调查表寄出后的两三个星期再致函客户，以示提醒，敦促完成问卷。

7）告知被调查者有关的调查结果将予以公布（如在企业网站上发布）。

在问卷调查表中，需要设计诸如“请谈谈对此次调查活动的看法”或“请谈谈您的服务体验和感受”这样的问题。有这样一家企业，他们第一次寄出调查表后就收到了踊跃的答复，被调查者不仅完成了答卷，还发表了很多看法包括投诉等，同时也咨询了不少问题。其原因就是组织者在问卷中说明将对每个人的问题都一一答复。当该企业准备在当地召开客户焦点小组时，他们从回复问卷者中联系了一部分人，了解他们是否有意参加即将召开的座谈会。

调查表明，如果受访者接到要求请予回复的个人邀请，那么网上调查的回复率会更高。不过网上调查的问题是很多人会把调查表当作兜售信息的垃圾邮件来处理。针对这种情况，组织者在设计问卷时要确保调查问题的趣味性、相关性，同时要把调查表发到被访者的个人邮箱，这样网上调查的回复率会更高，效果也会更好。

通常情况下，组织者在发送调查表邮件时都会设置一个链接——“点击此处回复”。最好的办法是设置实时提醒功能，如果被调查者在答卷时遇到某种困难或问题，组织者可以立即致电或发送邮件给予解答或帮助。

欧洲客户管理会议网上调查邀请函

为做好今年的工作总结，我们热诚地邀请您参加此次网上调查活动，请您提出宝贵意见。此次调查只需占用您 2～3 min 的时间，调查的结果将有助于我们改善 2004 年的活动安排。方便的时候请登录链接 http: //ecsw. surveylab. co. uk/完成问卷调查。

网上调查的最大好处是调查结果的持续性和实时性，即客户一答复问卷，有关的结果就作了相应的更新。正是为了取得一个较高的调查回复率，很多企业在进行网上调查时都设置了实时结果更新的功能。

4. 电话调查

电话调查的回复率比信函或电子邮件调查的回复率要高，通常为60%～80%。但电话调查受时间限制，一般来说电话调查不能超过 10～15 min。

相关链接

开场白

“喂，您好！我是×××公司的×××。我们正在进行一项客户服务调查，以便改善今后的服务。我能占用您 10 min 的时间回答几个问题吗？如果不行，您看下次什么时候方便再打？”

以下是电话调查的一些技巧。

（1）电话调查员应是懂礼节有礼貌的专业人士，需要有耐心，因为有些人认为电话调查是件麻烦事，可能不愿意回答。

（2）确保调查的公平、公正。曾有在电话调查中客户有话不敢讲，或者某零售商为了在客户满意度测评中达标而要求销售人员事先告知客户的情况。

（3）选择致电时间要合适。尽可能地接近某消费者最近一次消费的时间。比如，汽车修理商 Kwikfit 每天都会致电光顾该公司所有维修中心的部分客户，了解当天的服务情况。

（4）合理确定电话调查的频率。如果客户群很大，可每季度进行一次调查，但是每次调查不要选择同一人群，因为一是会让客户感到厌烦，二是有失其代表性。

（5）考虑是否有必要事先向客户说明有人将代表企业给他去电，这样做电话回复率可能更高。

（6）如果进行商业电话调查，最好事先约定时间。

（7）进行电话调查时，调查员要作简要的自我介绍、企业介绍，并且说明此次调查的目的以及调查结果将作何用途，结果处理时间要多长。

（8）如果客户不方便接听来电，要另约时间。

（9）整个调查过程要简单明了。

(10) 使用量化评分，如 10 分制，这样可以节省时间。

(11) 如果客户评分在 5 分或以下，要追问其原因。

(12) 做好记录。有不少调查机构都通过计算机对调查情况进行实时处理，调查员可直接在电子调查表上输入客户的答案。如果没有这种条件，在整个调查中要做好记录和总结。

(13) 调查结束时要感谢客户的参与。

(14) 如果客户在电话中提出了值得注意的问题，要将情况及时禀报有关负责人并采取相应措施。

5. 面对面结构式会谈

面对面结构式会谈也是一种定量调查方法。此方法通常用于分销点、大街上、客户办公地甚至家里。这种结构式的会谈由采访人引导客户或潜在客户回答一些问题。由于这些问题都是组织者事先准备好的，所以采访人没有什么机会作深入的了解和调查。

这种方法成本较高，对采访人的专业技能也有较高的要求：要找到合适的对象进行采访，还要确保调查结果不因采访者本人而产生偏差。

在调查中，采访人与被访者之间产生共鸣是很重要的。曾有一家零售商鼓励部门经理们每个月在他们的部门开展与客户面对面的会谈。起初不少经理都不愿意这么做，但是经过培训和指导后他们发现用这种方法受益良多。他们对此总结的经验是：

(1) 先就如何与客户沟通及如何作自我介绍进行排练。

(2) 事先准备好问题。如果客户要讲的问题不在准备的话题之列，要让客户尽情发表意见。

(3) 不要对客户的批评意见下结论或找借口。

(4) 如果客户有对服务不满的经历，要立即采取措施改进服务。

(5) 做一个好的倾听者，并做好记录。

(6) 记住要对客户致以谢意。

Little Chef 酒店对他们的服务员进行了在店内开展这样调查的培训。在客人用餐完毕后，服务员会走上前去了解客人对食物、用餐环境和服务的评价。虽然酒店开始也存有疑虑，但是他们后来发现这种方法比在每一家分店放一本顾客意见簿效果要好得多；客人的回复率很高，评价也更中肯。

面对面会谈一般需 5～10 min，其流程通常如下：

(1) 欢迎。

（2）介绍访谈活动及目的。

（3）说明调查结果的用途。

（4）根据问题引导客户，记下他们的答案。

（5）在合适的时候提一些开放式的问题，以便深入了解情况。如，“究竟发生了什么事?”“还有别的吗?”

（6）对客户致以谢意。

（7）结束。

采访人要记住，在整个谈话过程中用身体语言让客户感到轻松愉快。采访人还要表现出一种积极倾听的态度，让客户觉得自己的意见受到重视。

这种面对面会谈的一个不足之处是很难捕捉到客户的准确信息，也就是说客户可能没有时间对问题作深思熟虑的回答。其中一个解决办法是，如果时间允许，先让客户填写一份问卷调查表，完成后采访人再与客户讨论答案。

6. 客户意见卡和建议方案

使用客户意见卡和建议方案的好处是给客户提供了即时反馈意见的机会。作为一种定量调查方法，其效用是有限的，因为只有那些很有意见（包括肯定意见和反对意见）的客户才有可能填写此卡。尽管如此，它还是在表明组织重视客户的看法方面发挥着积极的作用。

如果要采用此法，一定要明确它不是唯一听取客户意见的渠道和机会。意见卡要简单、易填写，如下所示。

非常感谢您的宝贵意见，这将有助于我们不断提高服务的质量和水平。

今天您消费了什么商品？

____

____

您对以下内容的评价（请在相应的空格处打钩）：

	十分满意	很满意	还算满意	有点不满意	非常不满意
找到所需产品的容易程度					
员工的服务效率					
员工的产品知识					
员工的服务态度					

续表

<table>
<tr><td>您会将本店推荐给一位朋友吗？ 会 □ 不会 □
来访的时间和日期：________________
您的意见和建议：
____
____
____
如果您希望得到本店经理的回复，请填写以下资料：
姓名：
住址：
邮编： 电话号码：

请将您的意见卡投入付款台后的意见箱内。
谢谢！</td></tr>
</table>

意见卡前言致词实例如下。

<table>
<tr><td>为了改进我们的服务，非常感激您能花几分钟时间完成这份简短的问卷调查。
我们的宗旨是给您提供最好的服务，希望您能成为我们的终身客户并将我们推荐给您的朋友。
请就以下几个简单问题给出您的答案，只有倾听您的想法我们才能够真正地提高服务的质量和水平。
无论以前的服务质量好与坏，我们都希望知道您的体验，了解您的看法。
我们将听取您所有的回复和意见，所以请务必告诉我们您的想法。
感谢您的帮助！</td></tr>
</table>

要记录并管理客户留下的联系地址和电话，并设立专人负责处理客户的意见。如果能够确保客户将意见卡或建议方案交给企业指定的员工则更好，这样客户如有问题就能够得到及时处理。但要注意的是，这些员工要经过专门的培训，知道如何有效地处理客户投诉，这样企业才能从经验和教训中得到学习（LEARN）：

Listen（倾听）：倾听客户的倾诉，不要打断，也不要妄加评论；

Empathise（感同身受）：向客户表明您理解他们遇到的问题；

Ask questions（提问）：问一些开放式的问题以获取第一手资料；

React（反应）：说明将采取什么行动纠正问题，重点谈一个积极的解决方案；

Notify（通报）：告诉客户企业在调查后的计划，合适的话，也可通报企业其他人员。

所有的客户投诉，不管是当面的还是书面的，都必须认真对待，及时处理。英国最赚钱的高保真设备零售商 Richer Sounds 的做法是，客户的意见反馈表务必交给企业所有者 Julian Richer 本人亲自过目，并经销售部门认真讨论。

7. 神秘购物

神秘购物是测评客户服务常用的方法。该方法作为客户服务测评的一种技法有其一席之地，但却不是测评的唯一形式。企业通过神秘购物可以监控各个部门的服务情况。零售商和呼叫中心常使用这种方法，它可以测评到服务提供者在某天就某个交易的服务情况。有人会假扮成客户到每个分销点消费，然后根据标准（见表 3—11）对服务进行评分。

表 3—11　　零售神秘购物的标准实例

神秘购物评判标准	是（2分）	否（0分）
售货员主动跟您打招呼吗？		
售货员友善吗？		
售货员有礼貌吗？		
售货员帮您取的货都对吗？		

有些时候，神秘客户会随身携带一个微型摄像机，把交易或咨询问题时的情景拍摄下来，事后播放给提供服务的当事人和经理观看，以便评判其服务。

如果神秘购物方法用得好，那么测评客户服务的标准就由客户决定。在很多情况下，企业都会用一系列标准清单对照被测评组织的服务情况，而那些标准是企业总部或者区域经理们策划出来的。这些神秘购物标准不能反映客户的真实意见，实际上企业只不过是在测评他们自己的关注点。

通常伴随神秘购物的负面意见有：

（1）“他们暗中监视我们。”

（2）“只不过是一次来访（说明不了什么问题）。”

（3）“这不能代表我们真正客户的体验。”

（4）“和真正的客户打交道时我一般不会像这样。”

（5）“我们太忙了。”

(6)“我知道他是神秘购物者，所以没有放在心上。”

(7)“他们纯粹是在浪费我们的时间。”

当奖金和神秘购物调查挂钩时，找借口和托辞的就屡见不鲜。不过有些企业的做法很成功，比如三明治连锁店 Pret A Manager，他们运作了一个简单的机制，既反映了客户的需要，也受到员工的欢迎。具体做法是，每周每个分店都会有神秘者到访。如果神秘客户接受的服务达到既定标准的要求，神秘客户就会马上给那个服务员现金 50 镑的奖励。

还有一些企业如 John Lewis 分店把他们的员工派到其他的连锁分店扮演神秘的消费者。除此以外，该企业每年还会聘请外部的机构和人员开展这样的调查活动。派内部员工扮演神秘的消费者既可以让他们对姊妹店的服务测评有具体的了解和实践，又可以让他们更好地了解客户的需要，强化自己的服务意识。

不管是派内部员工还是外聘人员扮演神秘的消费者，都要确保他们反映消费者的真实面目。为此，需要对他们进行培训，让他们了解如何根据标准对服务进行评估和打分。此外，对他们实践中的表现进行监控也是必要的。

有些企业邀请他们的客户担任神秘的消费者，如比萨连锁店 Pizza Express。客户们先到一家餐厅就餐，然后填写了一份问卷调查表，并寄给 Pizza Express 总部。作为回报，他们收到一张 10 英镑的 Pizza Express 消费券。

再如，金融服务机构 Nationwide 创建了一个与各分行奖金挂钩的客户服务评估机制。Nationwide 通过信函问卷调查、客户焦点小组、客户意见卡以及神秘购物等多种方式收集各分行客户的意见。调查中，每个方法的结果占一定的权重分数，总分为 100。可见，Nationwide 的目的是掌握客户服务的总体情况，树立一个平衡的、全局的观念，而不仅仅是依赖于某一种方法。

8. 投诉和赞扬分析

目前的问题是，不少企业仍然用投诉与赞扬分析作为测评客户服务的唯一方法。与客户意见卡和建议方案的情况类似，真正会投诉或赞扬的人只是少数人。调查机构 TARP 的一份调查表明：96%的人觉得去投诉太费事，如果对服务不满意，他们会换到别的地方消费，并把有关经历告诉其他人，如一次满意的经历只告诉 5 个人，一次不满意的经历却要告诉 11 个人。可见，企业收到的投诉只是冰山之一角。同理，会对服务说赞誉之词的也是少数人。

Institute of Customer Service 和人力资源机构 Consultancy TMI 的一份调查报告 National Complaints Cut Tune Survey 说，当客户投诉时，他们会被投诉将会受到怎样的对待这样的问题所困扰。

最后的建议是将投诉和赞扬分析作为历史数据来调查。分析投诉的根源以及解决有关问题是很重要的，而对某客户具体赞扬的某人予以赞扬和认可也是同等重要的。尽管如此，将投诉和赞扬分析法作为测评客户服务的唯一方法是不可取的，也是无效的。如果企业没有收到许多投诉的话，甚至还可能带来危险。令人惊讶的是，这可能就是首席执行官们用来评估客户感受强度的第一手材料，因为投诉信通常会寄到他们手里。一些顾问公司就经常获首席执行官们的邀请研讨客户投诉增加的对策问题。实际上，对于以客户为中心的企业，投诉应该是被积极鼓励而不是被压制的。

为了鼓励投诉，其中一个办法就是在调查中鼓励客户就“是否曾投诉过”或“感觉像投诉”这样的问题进行反馈，以便了解客户关心的问题。表 3—12 所列的就是一家银行有关类似投诉问题的例子。

表 3—12　　信函调查表中有关投诉的问题

过去半年您是否投诉过我们的服务或感觉像是投诉？如果有的话，请说明投诉事由。
有必要的话，可同时填写两栏。

	曾经投诉过	感觉像是投诉
对银行总的评价		
银行没有向我通报情况，如收费信息		
收费太高		
不了解客户的需要		
太急切地向我推荐一些我不需要的服务		
自动柜员机故障		
没有自动柜员机		

还有一个办法是设想可能引起客户关注的情境。某服务机构在调查中承诺，对客户的投诉问题将在限定时间内予以回复。实际上，该机构如果发觉没有做到这一点，就会寄出一封道歉信，无论客户是否已经提出投诉。关于投诉，邮购公司 Landmark 的做法是，客户每退回一件邮购产品，Landmark 就会寄出一张签账卡，可以说，这是对客户投诉的一种主动行动的做法。

Landmark 针对投诉的主动行动法示例如下：

> 亲爱的顾客：
>
> 非常抱歉您发现有必要退回邮购产品。不过我们会从中吸取经验和教训，从而今后为您提供更好的产品。

我们已将一定金额记入您的签账卡，具体数额在此卡的反面。

再次对您不得不退货表示歉意。如有任何问题，请拨打我们的免费电话 0800 220 106

9. 观察

观察是最后一个可用来测评客户服务的量化方法。这里的观察并不是指亲自去观察客户，而是指确定一套标准，用标准作为尺度观察客户的交易。如连锁酒店 Le Meridien 的观察做法是，他们用主要的"真实的时刻"，即对入住客人来说非常重要的活动如登记等进行观察，并对每项服务内容进行测评：办理登记的平均时间，订房的平均人数，客人行李送到房间的平均时间等。通过观察和对每项服务进行定时测评，酒店努力找出服务需要改进的主要方面，并在所有的连锁酒店内开展评比和学习分享活动。

10. 小结：尝试不同的方法

总的来说，要有效地测评客户服务，需要采取一个整体的方法。不要依赖一种办法去收集数据，而是应该使用不同的方法和技术，使各种方法优势互补。神秘购物的结果与信函或网上调查的结果有什么不同呢？客户焦点小组是如何拓展了从客户投诉中得来的信息呢？诸如此类。测评成功的关键就是设立尽可能多的"倾听哨"(listening posts)。

三、定量客户服务测评方法的评估

请对照表 3—13，对组织使用的定量客户服务测评方法进行评估。

表 3—13　　客户服务测评标准

客户服务测评标准	具备	不适用	需要采取行动或解决
在调查中同时测评重要性和满意度两个内容			
在定量调查中有一个关于忠诚度的问题			
要求客户对我们的服务给出一个总分			
同时使用信函和电子邮件调查来收集客户意见			
评估等级合理，没有偏差			
在有必要时采用电话调查和面对面结构式会谈			
使用客户意见卡和建议方案提高客户的回复率			
员工接受过如何处理投诉的培训			

续表

客户服务测评标准	具备	不适用	需要采取行动或解决
积极鼓励投诉和赞扬			
预计到客户的问题并采取预防性措施			
在使用神秘购物时，其测评标准由客户决定			
使用观察法观察客户服务过程，以测评客户服务			
结合使用不同的方法来测评客户服务			

【案例 3—1】 网络广告效果评估

由于各大媒体尚未能实时地公布其每天的不同页面的日访问量（Daily Page-view）和日不重复访客数（Daily Unique User），因此，广告主在衡量广告投放效果时只能根据媒体公布的数据进行估算，这种评估方法难以体现互联网广告应有的精确性和实时性，而只是根据经验估算出广告所能传达到的用户数量及相应所需付出的费用。同时，一个越来越明显的趋势是，随着媒体页面访问量的不断提高，媒体缺乏有力的第三方数据向广告主证明这种页面访问量增长的准确可靠性，只能被动地每半年或每一年调整一次价格，以提高自己的收入。

CPT（广告时间成本）沿用几年，广告主渐渐发现这种计费形式缺乏说服力，或者说，广告主们越来越需要系统地分析互联网广告所产生的效果，对这一变化体会最深刻的是网络广告代理公司的客户服务人员。在提供的互联网广告监测预测数据和报告中，以往客户服务人员只是提供 CPC（广告点击成本），但很显然，广告点击率并不是解释广告效果的唯一指标。对于将树立品牌为广告目的的企业，广告位置和广告语言的优劣所导致的广告支出和用户对广告的印象数才是他们的最终需求，而这等同于传统媒体告知效果的需求。在过去的 2004 年，不少网络广告代理公司为了满足这些客户的需求，也已经将 CPM（千人印象成本）作为一种广告效果来进行评估。事实上，在国内网络广告市场不够成熟的环境下，CPM 作为一种计费形式未被国内广告主接受和理解，一方面是由于 CPM 的计费方式与传统的包版位的购买方式之间存在较大的差异；另一方面，也由于权威的第三方监测系统并未能广泛地应用，CPM 尚未能获得足够的公信力。目前，这种情况仍然存在，却期待改变。随着权威调研机构介入，CPM 至少可以作为一种广告效果监测的指标提供给广告主。

1. 国际网络广告效果评估标准

一是 CPM（Cost Per Mille，每千人成本），是按照网络媒体访问人次计费的标准，指在广告投放过程中，按每一千人看到某广告作为单价标准，依次向上类推的计费方式。

二是 CPA（Cost Per Action，每行动成本/广告效果计费），是指按广告投放实际效果，即按回应的有效问卷或订单等定义效果来计费，而不限广告投放量。

三是 CPC（Cost Per Click，点击成本），通过 CPC 的广告点击数及点击率，广告主可以很清楚地了解自己投放的网络广告到底带来了多少宣传效果，大大满足了广告主对广告效果评估的需求。

四是 CPT（Cost Per Time，每广告位时间成本，譬如包天、包时等），目前国内互联网广告计费形式的主导，CPT 是传统媒体广告购买模式的延续，它使得网络广告的计费模式更趋近于和传统媒体的购买模式一致。

2. 广告主的实际需求与点击后行为分析的意义

广告主在拥有 CPM 和 CPC 后并不满足，他们在不断的营销推广中积累了更多与互动有关的需求。他们想知道谁关心他们的产品和服务、消费者在哪里、消费者的习惯是什么、消费者关心产品和服务的哪些部分、消费者为什么没有购买、消费者参与品牌活动的目的是什么等，广告主们希望了解消费者在从认知到购买的整个过程中的思维和行为特征，希望了解在整个营销过程中消费者的反应特征，更希望通过这些分析可以指导营销体系的完善。

用户点击网络广告后行为分析的指标是 CPA（效果成本），其中的“行动”（ACTION）可以由广告主进行自定义，并且当评估广告效果时，“行动”的定义可以是多方面的，譬如可以定义页面到达、注册、浏览页面数、购买四种行为，分别根据转化成客户的概率来综合分析广告效果，以了解广告对哪些人产生了影响，这些人是不是真的对产品感兴趣、他们对什么产品感兴趣、他们一般购买什么产品，对一系列的指标加以分析，便可以优化广告主的广告计划、实施方向。

3. 网络广告价值的综合衡量

无论 CPM、CPA、CPC、CPT，单独来看都不能很准确地体现网络广告投放的真正价值，但是当广告主或者广告公司明确了其广告效果的评估体系，比如主要是考虑对广告信息的传递还是对直接销售效果的促进等，就可以综合上述因素进行整合的效果评估。所以，体现网络广告投放价值的最佳衡量方法是 CPM、CPT、CPC、CPA 的综合衡量。

学习单元2 提高客户服务质量

学习目标

➢ 掌握提高客户服务质量的内涵

➢ 掌握提高服务质量的策略

➢ 了解质量改进的步骤

➢ 熟悉持续的质量改进理念

一、提高客户服务质量的内涵

服务质量的管理是提高企业核心竞争力的关键，服务质量管理体系的建立与完善，会直接影响客户对企业的客户服务软、硬件系统的最终需求和结构。提高服务质量的内涵非常复杂，需要进行系统的规划，从多个层面同时启动，主要包括：

1. 树立正确的观念

具有正确的指导思想，才能使企业有明确的奋斗目标和方向。企业的一切营销活动都要以消费者需要为中心，要把满足消费者的需要作为企业营销工作的出发点。

2. 保持良好的服务态度

服务周到、和蔼可亲、以礼待人、尊重客户，是企业赢得客户、提高声望的有效手段。

3. 提供独特的服务

客户对服务的需求是多方面的，对服务质量的要求也是多方面的和具体的，而且客户类型不同，服务的具体要求也是不同的。因此，客户服务不仅要全面，还要为客户提供适合的个性化特色服务，以满足客户多方面的需要。

4. 有效评估与推进服务质量管理部门的工作

将经营分析和客户关系管理合理地运用到客户服务管理部门的工作中，帮助制定和调整客户服务管理流程，以协助服务管理部门和相关部门的工作，并在规范的流程之上创造更多效益。

5. 培养客户服务执行者

在对客户服务人员的培养过程中，除了要对员工进行常规的心理素质、沟通技巧和专业知识的训练外，还应在此基础上培训客户服务人员感受客户对服务的需求和认可，使客户服务人员感悟到自身和本职工作的价值，以及被客户认可的成就感，培养真正的客户服务执行者。这对客户服务人员而言是一种向上的动力，同时也是企业保证服务质量的源泉。

6. 客户满意度调查

对于各种类型的服务均有相应的客户满意度调查。客户满意度调查不仅提供各项服务的满意度指数，并且能及时地得到客户对服务的反馈，使企业能以最快的速度对客户的反馈做出调整。

7. 客户反馈的跟踪处理

企业通过定性和定量调查的结果，都应被计入客户反馈系统，并尽快进行处理和核实。随后还要进行再次核实和客户跟踪，确保每个反馈都被及时处理，并且处理方案令客户满意。

8. 服务规范调查

通过各种方法对所提供服务的规范性进行核查。除了直接从客户那里核实服务的规范性之外，还可以通过直接测试的方式获得数据。

9. 现场突击审核

在事先不通知服务机构和服务人员的情况下，对服务机构进行全面的核查，了解服务机构和服务人员真实的服务水平和管理水平。

10. 服务机构和服务人员商业道德的控制

服务机构和服务人员有特殊的商业道德准则，一旦触犯了商业道德准则都将受到严惩。

11. 建立信息系统的支持

企业服务质量管理要比有形产品复杂得多，需要一个强大的信息系统的支持，以保证提供高质量的服务，该信息系统的建立不仅仅是软、硬平台的搭建问题，还与各级人员观念的更新、与企业机制的进步是分不开的。

二、提高服务质量的策略

提高服务质量的方法和技巧很多，这里介绍两种常用的方法，即标准跟进和蓝图技巧。

1. 标准跟进策略

提高服务质量的最终目的是使客户满意，获得客户忠诚，使企业在市场上获得竞争优势。企业为达到这一目的，最简单的办法就是与竞争对手比较，通过比较，找出差距及差距产生的原因，并不断消除这个差距，提高服务质量，这就需要标准跟进策略。

标准跟进是指将产品、服务和市场营销过程与竞争对手尤其是最具优势的竞争对手进行对比，在比较、检验和学习的过程中逐步提高自身的服务水平。

服务企业在运用标准跟进法时可从策略、经营和业务管理方面着手，在比较和检验的过程中，逐步确定本企业自己的目标。也可以说标准跟进策略主要包括三个方面的内容。

（1）进行策略方面的比较

通过了解竞争者的细分市场，分析他们采用的策略，他们的投资水平、产品、设备、市场开发和资源状况。通过系列比较研究和学习跟进，然后制定、修改和补充自己的市场策略。

（2）进行经营方面的比较

从降低竞争成本和提高竞争差异化的角度了解竞争对手经营方面的做法，然后制定自己的经营方针。

（3）进行业务管理方面的比较

了解竞争对手的支持性职能部门在整个企业中的作用，例如服务体系中后勤部门与前台在质量管理中如何协调关系，以改进自己的工作。

总之，标准跟进法是目前比较常用的提高客户服务质量的一种方法。但企业在采取标准跟进法时要考虑自身的实际情况，包括企业的能力、市场需求等，否则，盲目跟进会导致失败。

2. 蓝图技巧策略

蓝图技巧策略是借助流程图的方法来分析从后勤到直接面对客户部门过程的各个方面，特别是分析服务人员与客户的接触点，从这些接触点来提高服务质量。服务企业要提高服务质量和客户满意度，必须理解影响客户认知服务产品的各种因素，蓝图技巧为有效地分析和理解这些因素提供了便利。蓝图技巧最先由萧斯诺克引入服务营销学中，通常包括四个步骤：

（1）将服务的各项内容绘入服务作业流程图，使服务过程一目了然地、客观地展现出来。

（2）找出容易导致失误的接触点。

（3）建立体现企业服务质量水平的执行标准和规范。

（4）找出顾客能看得见、作为企业与顾客的服务接触点的服务展示。在每一个接触点，服务人员都要向顾客提供优质服务。

企业在实施蓝图技巧策略时，要重视产品和服务的质量，重视广告宣传与推广技巧，善于运用客户口碑宣传和口碑效应，化解客户对质量风险的顾虑。同时，要重视人的因素，加强员工培训，改善服务态度和服务技巧，争取在员工满意的基础上让所有的客户满意。

三、质量改进

市场竞争瞬息万变，企业要以优质的服务取胜，更为有效地满足客户的需要，就需要改进公司内所有的过程，像营销、策划、开发、采购、生产、财务等，不断地改进企业的服务质量。企业改进服务质量应该形成一个从症状开始，经原因、措施到跟踪活动的过程。

根据质量发生偏离的原因，质量问题可以分为偶发性问题和系统性问题两大类。

偶发性问题是指当服务被提供时，会出现一些偶发的状况，使顾客变得不满意。其结果不是期望得到的。识别、分析和处理偶发性问题是一种质量改进，更准确地说是一种控制。其目的是保持给定的质量水平或保持一个正常的或可接受的条件。一般情况下，处理偶发性问题比较容易，识别其原因通常不要进行广泛的调查，经常是只要看一下问题的症状就很清楚了，要采取的改进措施也很明显。大部分偶发性问题可以由当事人及其监督人员处理。他们的工作包括在有问题或错误的情况下采取适当的行动。有时也需要专家的帮助。

系统性问题的原因通常并不容易识别，它往往与偶发问题混在一起，企业很容易与系统性问题共处，把它们看成是正常现象。因此对企业来说，消除了系统性问题是真正的质量改进。这要求更紧密地控制和所有相关活动间更好地协调，用系统的方式去处理会影响整个组织的质量问题。这最好由最高管理者提出并推动。

处理系统性问题的难度较大，需要投入大量的工作，改进质量的过程也纷繁复杂，包括取得关于质量状态的信息，选择值得解决的项目，提出消除这些问题的措施建议，决定采取什么措施，直至实施所选的措施。最后还应对措施结果采取跟踪检查，以保证已采取的措施有更广泛的影响。

质量改进过程不是一种一次性事件。根据公司取得的进展和结果，持续进行质量改进活动是非常重要的。公司要获得成功就要持续进行质量改进，不断地创造改进活动成功的条件：

1. 改进工作的程序已经建立并按其实施。
2. 事实符合有关质量状态。
3. 管理者积极参与改进工作。
4. 参与改进工作的人了解适用的方法和工具。
5. 有推动改进工作的适用资源。
6. 给予参与改进工作的人以他们所需要的时间。
7. 对改进工作的结果应有系统的跟踪活动。

【案例 3—2】 某银行的零缺陷质量改进案例

一、项目概况

某集团银行业务部门虽然一直在致力于改进服务质量，却越来越不能满足客户的期望，因此，请克劳士比学院帮助其推行质量战略、提高客户服务的能力。

二、项目名称

优化某银行的质量改进过程与运营绩效

三、客户关键问题

虽然获利能力正在提高（两年内成本收入比从 76%下降到 59%），但吸引新客户的能力和良好的服务声誉都在下降，且有超过半数的客户都是因为对其服务不满而流失的。

四、零缺陷解决方案

克劳士比学院从价值链的角度研究了该银行的当前业绩，并与行业最佳做法进行了比较。随后，从“关注客户需要和面向客户的过程”切入，指导他们实施改进计划、建立改进团队、培养内部督导、确定激励制度以及衡量与评估体系，以实现“改进客户服务、减少浪费并提高员工士气”的目标。

五、项目成果

3 年后 PONC（不符合要求的代价）累计节省 3 430 万英镑；CSI（客户服务指数）从 65%上升到 70%；ATM 机现金分配的保证率从 89%上升到 95%；客户等候处理 ATM 机“吃卡”的时间从 2 周减少到了 3 天；愿意推荐自己的客户从 30%提高到 36%；QIT（质量改进团队）从 3 个增加到 10 个；员工的礼貌程度从 76%上升到 84%；员工迅速认识并纠正错误的比率从 25%提高到 55%。

六、客户评价

质量总监：“ME（备注：集团下属单位，2 年前由于损失巨大而使集团蒙受损害）是应用质量管理取得经营成功的一个绝佳的例子。当下的规模和在集团内独特的地位，使得它在质量管理的旅途上比集团大多数单位都走得更远、更快。其员工的士气也比组织中的其他任何部门都高，客户满意度也不断上升，获得了创纪录的利润。”

CEO：“我们在达到零缺陷之前尚有很长的路要走。然而，我们把这种挑战当作一次机会，一次为客户创造显著改进的机会。我们必须认识到这是一场重大的变革，不可能一夜之间取得成功。”

第2节　客户服务成本控制

学习单元1　预算管理

学习目标

➢掌握客户服务预算的概念及意义

➢熟悉编制零基预算的操作步骤

➢了解客户服务费用预算的编制

➢熟悉预算方案的制定

一、客户服务预算与意义

客户服务预算是客户服务计划的量化，这种量化有助于管理者协调、贯彻计划，是一种重要的管理工具。预算具有以下优点：第一，制订计划、预算有助于管理者通过计划具体的行为来确定可行的目标，同时能使管理者考虑各种可能的情形；第二，促进合作与交流，预算能协调组织的活动，使得管理者全盘考虑整个价值链之间的相互联系，预算是一个有效的沟通手段，能触及企业的各个角落；第三，有助于业绩评价，通过预算管理各项目标的预测、组织实施，能促进企业各项目标的实现，保证企业各项目标的不断提高和优化，是体现企业业绩的一种好的管理模式；第四，激励员工，预算的过程会促进管理者及全体员工面向未来，促进发展，有助于增强预见性，避免盲目行为，激励员工完成企业的目标。正是由于预算管理具备以上优势，它才能在大企业中得以广泛应用，并取得了好的效果。

二、编制零基预算的操作步骤

近几年的实践证明，无论是实行部门预算、还是综合预算，测算时采取“零基预算”的方法比较科学合理。运用“零基预算”的方法编制预算，在操作上需要把握好“四步”。

第一步：摸清各部门基础资料

部门预算是财政总预算的基础。摸清各部门基础资料，是合理确定预算支出定额标准、实行“零基”测算的前提。为全面、详细掌握客服部门的收支规模和基本情况，要制定一套详尽的预算表格。主要包括：各项收入明细表，反映各项收费、预算外资金收入项目、规模等情况；基本情况表，反映人员编制、实有人数、车辆、通讯工具、办公面积等详细资料；支出预算表，反映人员经费、公务费、业务费等所需经费情况。同时，附人员工资花名册，部门年度工作计划及专项支出的项目立项文书、领导批示、项目预算等预算资料说明。为确保财政预算的批准实施，预算一般要于基期年度的9—10月份部署并上报。

第二步：合理确定有关定额标准

科学合理的定额标准，是保证预算公平、公正、公开的关键。单位各有关科室要相互配合，对各部门的基础资料进行分析、计算，并制定一系列定额标准。

（1）人员经费定额

以基期月份（一般是上一预算年度的12月份，预算编制时间提前的，可用9月份工资表）实际发放的工资表为依据，以实际发放工资额为基础，核实并扣除“补发工资和补贴”等一次性因素，加上按规定提取的职工福利费、工会费、防暑费、取暖费以及住房公积金、养老保险金等，计算出部门年人均工资额，再按各部门的不同性质加以分析和平均，从而确定出编制预算使用的不同类别的人员经费支出定额。

（2）公务费支出定额

根据本单位性质和财力状况，并参照各部门前三年公务经费的需求情况进行具体分析和测算，分档确定支出定额标准。

（3）车辆燃修费和电话费支出定额

这两项定额的确定方法要科学、实用、创新，要区分不同部门的不同情况，设计不同方法。要体现公平，调动各方的工作积极性，车辆燃修费和电话费预算，可按实有数核定，每年都要根据具体情况，在统一的核算标准上进行调整。

第三步：按定额标准核定部门预算

财政部门在掌握了部门基础资料和确定了支出定额的基础上，按照预算编制原则和统一的计算公式核定部门预算。可以从各科室抽调人员组成专门的预算编制机构集中编制；也可按现行的机构设置分工协作。

核定各部门的经费，第一，要由单位办公会讨论、确定各项支出定额，并传达各科室执行。第二，各科室按照各单位的年度工作计划和国家确定的具体收费标准，确定预算外收入。第三，明确科室分工。可以实行“两为主、两配合”的分工协作管理办法，即预算内、外资金收入确定以预算科和综合计划科为主、各有关科室配合；支出测算以专业科室为主、预算科和综合计划科配合。第四，各科室按照“收支两条线”和“适度从紧”的规定以及细化到具体项目的要求，编制分管部门的支出预算，统筹安排预算内、外资金。具体方法如下：

（1）人员经费

人员经费预算，按部门人员数乘经费定额核定。人员数以各部门人员编制为依据，不超编的按编制内实有人数，超编的按编制人数（下同）。

（2）公务费、车辆燃修费和电话费

公务经费预算，按部门人员数乘核定的经费定额或按特殊要求逐项核定。

（3）业务费预算

根据当年的工作重点和各部门确定的年度工作计划，经认真核实测算后，在财力许可的范围内，结合以前支出及同期市场情况，合理安排。

（4）专项支出预算

对修缮、基建项目，经基建审核部门严格审查项目立项报告、项目预算、领导批示意见等详细资料后，根据财力和轻重缓急予以安排。对设备购置等二次性专项支出项目，为保证预算编制的可靠性和准确性，经多方面调查核实后才予以安排。对安排的专项支出，实行政府采购和项目招投标管理办法，并逐步健全项目管理档案，以确保专款专用，并为下年预算连续安排提供资料。

（5）重点经费

能否确保综合零基预算编制方法的成功，关键是编制好重点收支项目预算。各项经费要根据部门业务量大小，会议及对外活动的多少，参照以前年度的开支情况，合理确定定额。除车辆保险、大型设备购置集中管理外，其余经费一次包死，超支不补，结余留用。

第四步：汇总编制综合预算

按照以上办法分别编制出各部门的预算内、外资金收支预算后，由预算科和综合计划科分别对预算内、外资金进行审核，对重复、漏编和不合理的预算项目进行调整、取舍和补充，并按照“量入为出、收支平衡”预算编制原则，汇总编制成预算内、外资金相结合的综合预算表，经总办公会讨论修改，形成正式的预算草案，报董事会批准后，批复各部门执行。

三、客户服务费用预算的编制

1. 一般要求

各种费用预算应根据《成本费用管理办法》第 3 条款规定的费用明细科目的内容和要素，以及国家和上级主管部门的各项有关规定，结合企业费用变动的规律计算编制。具体编制计划时，各企业可根据实际需要再细分项目进行管理。

2. 各项目的确定

（1）工资

根据预算年度企业能够达到的工资总额和部门定员表中人员的人数、工资标准等分别计算编列。

（2）职工福利费等

职工福利费、工会经费、教育经费、劳动保险费、待业保险费按规定的工资总额与规定的计提比例计算编列。

（3）差旅费

职工因公外出的各种差旅费、住宿费、助勤费、市内交通费和误餐补贴，按工作需要出差人数和规定的差旅费标准计算编列。职工及其家属的调转、搬家费，患职业病的职工去外地就医的交通费、住宿费、伙食补贴等根据实际情况估算编列。

（4）办公费

根据有关的开支标准，参照统计资料，分明细项目计算编列。

（5）折旧费

根据年度应计提折旧的固定资产原值和规定的折旧率确定编列。

（6）修理费

根据在用固定资产使用状态，参照企业固定资产修理计划和以前年度修理费用支出实际情况资料预计编列。因调整设备而需要发生的设备调整搬迁费用，按搬迁预算和节约原则编列。

（7）物料消耗

机械、动力、运输设备运行和工艺用油脂，应按企业有关设备保养制度的规定，计算设备的加油、换油周期，给油品种定额、单价，计算编列。冷却剂、擦拭材料、标记用笔、油漆、清洗用煤油、汽油、洗涤剂、砂条及其他材料，也应列出品种、数量，参照历史资料确定限额。润滑剂应考虑回收、再生、利用情况，适当扣减降低的费用。

（8）董事会费

根据开支需要或有关预算编列。

（9）咨询费

根据企业批准的科学技术、经营管理咨询计划计算编列。

（10）审计费

根据实际需要并结合上年情况估算编列。

（11）诉讼费

根据企业生产经营活动的实际情况，预计可能发生的问题，以及国家规定的收费标准估算编列。

（12）无形资产摊销

按规定摊销比例编列。

（13）业务招待费

按预算年度业务需要本着节俭原则编列。

（14）仓库经费

按上年历史资料和预算期实际需要编列。

（15）保险费

按预计进行财产物资投保金额及保费比例编列。

（16）其他支出

如水电费、运输费、取暖费、警卫消防费、会议费、职工交通费、劳动保护费、租赁费、环保卫生费、坏账损失、存货盘亏（减盘盈）、产品“三包”损失、试验检验费、计提的存货跌价准备、利息净支出、金融机构手续费、汇兑净损失、装卸费、包装费、广告费、展览费、委托代销手续费、销售服务费、包干费用等，根据本年实际情况、以前年度历史资料和国家有关规定编列。

【案例 3—3】　制定网络促销的预算方案

网络促销实施过程中，使企业感到最困难的是预算方案的制定。在 Internet 上促销，对于任何人来说都是一个新问题。所有的价格、条件都需要在实践中不断学习、比较和体会，不断地总结经验。只有这样才可能用有限的精力和有限的资金收到尽可能好的效果，做到事半功倍。

首先，需要确定开展网上促销活动的方式。网络促销活动的开展可以是在企业自己的网站上进行，其费用最低，但因知名度的原因，其覆盖范围可能有限，因此可以借助于一些信息服务商进行，但不同的信息服务商的价格可能相差很大。所以，企业应当认真比较投放站点的服务质量和价格，从中筛选适合于本企业促销活动开展、价格匹配的服务站点。

其次，要确定网络促销的目标，是树立企业形象、宣传产品，还是宣传服务。围绕这些目标来策划投放内容的多少，包括文案的数量、图形的多少、色彩的复杂程度，投放时间的长短、频率和密度，广告宣传的位置、内容、更换的周期以及效果检测的方法等。确定这些细节，对整体的投资数额就有了预算的依据，与信息服务商谈判就有了一定的把握。

最后，要确定希望影响的对象，是哪个群体或哪个阶层，是国内还是国外的。因为不同网站的服务对象有较大的差别。有的网站侧重于消费者，有的侧重于学术界，有的侧重于青少年。一般来说，侧重于学术交流的网站其服务费用较低，专门的商务网站的服务费用较高，而那些搜索引擎之类的综合性网站费用最高。在使用语言上，纯中文方式的费用较低，同时使用中英两种语言的费用较高。

学习单元2　客户服务成本管理

学习目标

- 掌握成本管理与服务成本的概念
- 了解客户服务成本分析的要素
- 掌握降低客户服务成本的措施
- 了解客户服务时间成本的计算方法

一、成本管理与服务成本

成本控制是成本管理的组成部分，那么，什么是成本管理呢？理解成本管理就是要理解管理的概念。按照流行的观点，管理实际上有计划、执行和控制三个职能。计划确定目标或业绩标准，执行具体落实或实现目标，而控制则保证执行的过程符合计划的目标。同时，由于管理是相对一个组织而言，而组织又是有层级的，执行总是下级的事情，而计划和控制总是上级的事情，诸如此类，不一而足。成本管理从而与成本控制和管理的概念是相同的。据此，用图 3—1 说明成本控制的原理。

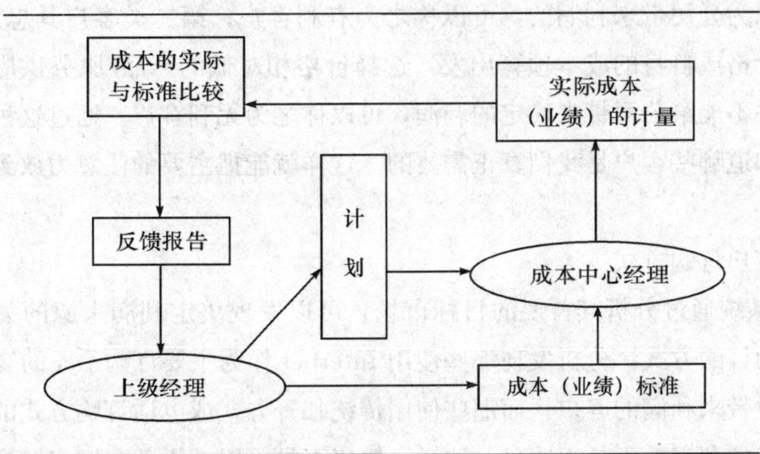

图 3—1　成本控制的原理

从图 3—1 看出：上级经理，通过计划职能为下级或成本中心经理制定“成本（业绩）标准”；然后由成本中心经理去执行；在执行过程中，上级经理或其委托人（比如会计）对成本中心经理执行标准的进度或结果进行计量即“实际成本（业绩）的计量”；然后将实际成本与成本标准比较，编制反馈报告送达上级经理，上级经理决定是通过成本中心经理整改还是允许其继续运行。

服务成本是企业的支出，旨在通过服务从而增加客户价值，在价格相同的情况下，吸引更多的客户。服务成本与消费者购买成正比，企业支出的服务成本越大，为客户提供的各种服务项目就越多，方便和满足客户程度就越大。为了增强竞争力，现代企业越来越重视对客户的服务，服务成本已成为企业供应链成本的重要组成部分。

二、客户服务成本分析

使用成本分析系统（简称 ABC）来对这些客户进行分析，否则，并不能很明确地知道哪些客户是可以带来利益的。

成本分析系统是一种分析工具，它可以从资源、行为、产品、服务以及客户角度进行智能分析，为企业提供一种全面的分析视图。

1. 关键因素分析

（1）客户行为

ABC系统可以根据客户行为的不同将客户分为两类。第一类客户和企业保持很好的关系，其忠诚度很高，往往能够从公司购买其需要的全部产品或服务。这类客户是可以为公司带来利润的，可以称之为有利客户；第二类客户其忠诚度较低，通常会从价格或自身的成本预算出发，选择价格相对低的产品/服务供应商，这部分客户往往不能给公司带来稳定的利润，可以称之为无利客户。通过这种分析，我们就可以知道哪些客户是我们真正需要的，这样就能把主要的注意力放到第一类客户上。

（2）客户订购方式

ABC系统通过分析其首要的目标市场，可以发现决定利润来源的关键因素是客户使用的订购方式，分析发现那些使用Internet作为主要订购手段的客户往往是能够为企业带来利润的客户，而那些使用传统邮寄方式或电话订购方式的客户往往为企业带来的利润并不是很明显。这样，销售人员可以劝说部分客户转到使用低成本的电子订购方式上来，而放弃使用传统的高成本订购方式。

（3）订购及配送方式

对于大型的分销型企业而言，ABC系统分析了那些无利客户群，发现在配送方式方面存在一些可以转变为利润来源的关键点。

（4）订单的数额

那些经常预订小额数量产品的客户往往是无利的，所以，提高大订单客户的数量和客户的预订数量可以为企业带来更多的利润。

（5）可预见的订购

对企业而言，那些不能预见的随机性预订行为往往并不能为企业带来多少利润。所以，增加可预见的订单可以更多地增加企业利润。

（6）订购/配送流程

分析表明，那些使用程序化的预订/配送流程的客户是企业利润的主要来源，相反，那些凭经验或使用非标准流程的客户往往不能为企业带来什么利润。

（7）预订产品的类型

从客户的角度看，有些客户往往需要定制的产品，这部分产品的价格可能和批量生产的产品价格相当，但是，企业要生产这样的产品，往往要付出更多的劳动。所以，如果对企业而言，总是接到这样的订单，那这些客户并不能为企业带来更多的利润。

（8）订购的频繁程度

如果客户只是偶尔对该企业的产品进行预订，那他们并不能带来多少利润，只有那些稳定的客户才是企业真正的利润来源。

基于以上的分析，企业可以更好地改进产品价格、产品形式，以及订购方式等不同的方面，这样，可以将那些无利的客户中的一部分转变成有利客户，为企业带来更多的利润。

2. 无效流程环节

对于有的客户而言，企业明明已经为他们提供了相应的服务，但是盈利情况并不像预期的那样。通过 ABC 系统分析，发现虽然为客户提供了服务，但是其中涉及的服务流程环节效率很低，往往是基于人工服务的，这样，一方面提高了运营成本，另外还造成了客户接受服务时间的增加，这样，就导致盈利情况不像预期的那样。为此，需要改进这些效率低下的工作流程，将人工服务环节尽可能地转变为自动处理，既可以节省成本，又可以提高处理效率，为企业创造更多的利润。

总的来说，ABC 系统可以对目前存在的客户群体进行分析管理，提供两种分析视图。第一种视图找出了潜在的盈利模式，显示了哪些客户是有利的，哪些是无利的。第二种分析视图分析了能够产生利润的关键因素/潜在因素，根据这些分析，可以很好地改进企业的业务流程。

三、降低客户服务成本的措施

客服中心要恰当地控制并降低成本，必须做到量入而出，量力而行。进行成本控制时，要建立合理的成本分析与控制系统，使管理者清楚地掌握整个公司的成本构架、盈利情况和决策的正确方向，从根本上改善企业成本状况，从而真正实现有效的成本控制。

1. 客服代表技能的掌握上一定要合理测算，尤其是对于有技能组的客服中心而言，这点尤为重要。

2. 让技术人员有管理者的思想。如何让技术更有效、更利于服务本身特别重要，这就需要技术人员有前瞻性的管理思想，这一点可以通过加大沟通力度来实现。

3. 提高客服代表的沟通技巧与业务能力，从而提升工作绩效，使成本得到一定范围内的控制。良好的工作状态和质量是直接做好成本管理的最有力的保障。

4. 理顺流程。不合理的流程会加大成本，因此流程管理必定先行。

5. 在降低成本的同时，一定要有相关的服务指标作为参考依据。如服务水平、电话放弃率、客户服务满意度等要达到什么样的目标，其所设定的目标可能与业内的标准有差异，但一定要与客户的期望值匹配。

当然，每个企业可以针对自身的情况提出针对性的成本管理的措施，万变不离其宗，也就是人员管理、技术管理、流程管理。掌握了这三大类，又有明确的价值理念，成本管理就会变得更加轻松。

四、客户服务时间成本的计算方法

1881 年弗雷德里克·泰勒（Frederick W. Taylor）最早提出了经典的秒表测时理论，至今这个理论还在时间理论的研究领域里被广泛地应用。时间理论的研究过程是以一名员工为样本，测算他完成一定量工作所需要的时间，然后利用这个数据定出一个标准。对于一位受过培训且经验丰富的调查人员而言，可以通过以下 8 个步骤来完成一个标准的建立：

1. 确定所需要测试的工作对象。

2. 确定要对该项工作测定的次数（即所需要的样本数或测试的次数）。

3. 对工作进行分割（即将测试对象分段成只需几秒钟即能完成的小步骤）。

4. 选择作为观察对象的员工，测试并且记录其完成每一步工作所需要的时间，然后定出他完成工作的效率等级。

5. 计算出完成每一步工作所需的平均时间：

平均时间＝几次测定的完成该步工作所需的时间之和/测试的次数

6. 计算出完成每一步工作的正常时间：

正常时间＝平均时间×定级因素

所谓定级因素是指按照被测试人员完成工作的情况，经平均时间换算成一名普通员工完成这项工作所需的时间。

7. 累加完成每步工作所需的正常时间，最终得到完成整个工作所需要的正常时间。

8. 计算完成整个工作所需要的标准时间。标准时间是对正常时间的一种调整。因为这里要考虑到个人需要、不可避免的工作延误和疲劳等因素。

标准时间＝正常时间/（1－折扣因素）

个人折扣时间一般控制在正常时间的 4％～7％范围内，可以考虑的折扣因素包括卫生间的远近、便池冲水的速度以及其他的设施条件等。工作延误标准的制定要根据对实际情况的研究结果。疲劳标准的制定则取决于我们对不同身体条件、不同环境条件影响人的精力的逐渐深刻的了解。

【案例 3—4】　从供应链紧缩成本能同时提高客户服务水平

在 20 世纪 80 年代和 90 年代初期，全球范围内许多公司都开始使他们的采购和制造流程遵循一个严格的规定。现在，商业组织正采取更严格的行为来控制整个供应链。公司要求他们的仓库和物流调配系统能带给他们“更多的”和“更少的”。

“更多的”是指增强了客户服务，企业在充分利用了有更多用户化设置的更精确的订单的基础上，加快了企业对市场的反应灵敏度；“更少的”当然是指成本，它的降低可以通过减少不必要的库存和流转时间，提高生产能力和数量以及优化分配流程等实现。

从表面上看，“更多的”和“更少的”是一对矛盾，似乎有悖于一般的常理。但事实上，你做的许多工作能为客户提供更好的服务并且同时降低把产品从生产地运送到最终客户手中的成本。

从概念上讲，制造出产品并向客户交货的业务流程包括这么几个步骤：取得订单；检查现有库存；制造并确认产品已在库房；发运产品以结束订单；回收货款。产品调配对于批发商或制造商来说遵守了一个相当一致的模式：公司在一个或多个仓库中储存了产品，用自己或公众的交通工具完成产品调配。而公司在供应链环节中插入一个新的变化将使得业务流程复杂化：在交货前制造并调整产品以适应客户需求。

企业可以通过观察整个流程和每一步流程来从供应链中紧缩成本。无论在每一步还是总体上，硬件、软件、业务流程的改进同时也是公司提高客户服务的三种方法。

下面关注仓库供应链上的一个主要环节，来看一下为什么通过硬件、软件和流程改进的同时也增强了客户服务。在仓库操作之外紧缩成本的关键是建立一个实时、智能的信息处理系统。该信息处理系统在仓库中被用来组合有关物料最近的一些自动处理信息和收集的一些技术数据，如来自无线通信频率设备、条形码扫描仪、刻度仪、自动储存和修补系统以及自动导航媒介的信息。

系统智能化的部分表现是该软件复杂的用户化设置能实现自动管理和控制所有仓库操作的步骤，包括收货、储存、存货控制、自动订单下达、领料、产品包装和产品发运。

显然还有很多成本节省同时提高了客户服务水平。举例来说，更快的订单周转速度使公司能更快速地向客户交货。错误的消除使得正确的产品被发往正确的收货地变得更加有效。

硬件和软件不仅能降低成本，它们同时也使公司关注库存流程并消除生产能力中的瓶颈。业务流程改进可以继续优化其他一些方面：降低更多的运输成本，降低存货盘点成本以及减少文件传递中的丢失和错误问题。

在取得最终产品并交货的每一步骤，各种硬件、软件和业务流程改进的组合可以紧缩成本，并且在同时提高了客户服务质量。但在改造这些部分之前，一个公司必须通过关注整个流程并在供应链之外紧缩成本。答案是经常性地改进软件可使公司降低成本并减少瓶颈。

软件能压缩成本的本质是把信息一次送入流程系统并能迅速地为供应链各环节人员所知。更快的信息传输速度通常直接导致了产品移动的加速，例如产品包装，运出仓库并装车等步骤。

1. 压缩成本的三种基本方法

（1）新的硬件。

（2）新的软件。

（3）业务流程的提高与改进。

2. 系统节约成本的三个方面

（1）加快了订单周转速度并降低了库存需求。

（2）更有效的日程安排和错误的减少提高了员工的生产力。

（3）减少了过量库存和运输成本并使得营运成本降低。

第4章

客户服务改进

第1节　客户满意度测量

学习单元1　客户满意度测评

学习目标

- 掌握客户满意度概念、分类
- 掌握客户满意度调查的方法
- 了解客户满意度测评指标体系
- 熟悉客户满意度调查流程

一、客户满意度

客户满意就是客户接受产品或服务时感受到需求被满足的状态。这种感觉决定他们是否继续购买企业的产品或服务。一个客户将会经历三种状态中的一种：如果绩效不及期望，客户会不满意；如果绩效与期望相称，客户会满意；如果绩效超过期望，客户将会非常满意。企业不断追求客户的高度满意，原因就在于一般满意的客户一旦发现更好或者更便宜的产品后，会很快地更换产品供应商，只有那些高度满意的客户一般不会更换供应商。

客户满意度其实是一个相对的概念，是指客户满意的程度，是客户期望值与最终获得值之间的匹配程度。用公式来表示为：

客户满意度＝理想产品－实际产品

“理想产品”是客户心中预期的产品，客户认为自己支付了一定数量的货币，应该购买到具有一定功能、特性和达到一定质量标准的产品。而“实际产品”是客户得到产品后，在实际使用过程中对其功能、特性及其质量的体验和判断。如果“实际产品”劣于“理想产品”，那么客户就会产生不满意，甚至抱怨；如果“实际产品”与“理想产品”比较吻合，客户的期望得到验证，那么客户就会感到满意；如果“实际产品”优于“理想产品”，那么客户不仅会感到满意，而且会产生惊喜、兴奋。有些国外厂家就宣称其目标不是“客户满意”而是“客户惊喜”。

企业推出产品时对自己产品的介绍也是客户形成其“理想产品”的信息源之一，因此企业对客户的“理想产品”的形成具有一定的影响力和控制力，尤其在客户对产品不熟悉的情况下，这种影响力和控制力会影响到客户的满意度。如果企业言过其实地宣传自己的产品或服务，结果导致客户的“理想产品”超过“实际产品”，客户发现自己吃亏上当，必然产生严重的不满；如果企业实事求是地宣传自己的产品或服务，客户的“理想产品”必然接近于“实际产品”，由于感觉到企业是讲实话的，客户不仅对产品实体感到满意，而且对企业行为也感到满意，从而增强了对企业的信任；如果企业“名副其实”地宣传自己的产品或服务，且在介绍时“留有余地”，那么“实际产品”必然超过客户的“理想产品”，惊喜的情形就会发生，客户对企业就会格外信任，客户满意自然会提升到一定高度。

二、客户满意的分类

客户满意的内容分横向层面和纵向层面两个层次。

1. 横向层面

在横向层面上，客户满意包括以下几个方面的内容：

（1）理念满意

即企业经营理念带给内、外客户的满足状态，它包括经营宗旨满意、经营哲学满意和经营价值观满意等。

（2）行为满意

即企业全部的运行状况带给内、外客户的满足状态，包括行为机制满意、行为规则满意和行为模式满意等。

（3）视听满意

即企业具有可视性和可听性的外在形象带给内、外客户的满足状态，包括企业标志（名称和图案）满意、标准字满意、标准色满意以及上述三个基本要素的应用系统满意等。

（4）产品满意

即企业产品带给内、外客户的满足状态，包括产品质量满意、产品功能满意、产品设计满意、产品包装满意、产品品位满意和产品价格满意等。

（5）服务满意

即企业服务带给内外客户的满足状态，包括绩效满意、保证体系满意、服务的完整性和方便性满意，以及情绪和环境满意等。

2. 纵向层面

在纵向层面上，客户满意包括以下三个逐次递进的满意内容：

（1）物质满意层

即客户对企业产品的核心层，如产品的功能、设计和品牌等所产生的满意。

（2）精神满意层

即客户对企业产品的形式层和外延层，如产品的外观、色彩、装潢、品位和服务等所产生的满意。

（3）社会满意层

即客户对企业产品和服务的消费过程中所体验到的社会利益维护程度，主要指客户整体（公众）的社会满意程度。它要求在对企业产品和服务的消费过程中，要具有维护社会整体利益的道德价值、政治价值和生态价值。

三、客户满意度调查的方法

客户满意度调查是用来测量一家企业在满足或超过客户购买产品的期望方面所达到的程度，也可以用来测量一个行业在满足或超过客户购买产品的期望方面所达到的程度。它可以找出那些与客户满意或不满意直接有关的关键因素，根据客户对这些因素的看法而测量出统计数据，进而得到综合的客户满意度指标（用统计指标来反映，有时称之为绩效指标）。它也是近年来市场营销调研行业中发展最快、应用最广泛的调查技术。对客户满意度调查，首先要选择合适的调查方法。

1. 邮件调查

邮寄问卷是指先设计好调查问卷，邮寄给被调查者。大多数组织与客户之间的距离都很远，因此，邮件仍然是自我完成问卷的最实际的分发选择。样本规模很大经常是选择邮件调查的主要原因，邮件调查也较为便宜，因此，首要问题是考虑采用自我完成问卷实现可靠样本的可行性，且必须评估达到一个可接受的回答率的概率。这里的关键因素是，客户是否认为你的组织是重要的商家或你的产品是否是他们感兴趣的，如果他们这样认为，达到一个好的回答率就是可行的。

2. 电话调查

最原始的电话访问就是访问员拨通电话后根据问卷访问被访问者，与当面访问的差别就只在于一个是面对面访问，一个是通过电话访问。一般来说，能够进行真正有代表性的抽样数据采集方式只有入户访问与电话访问。由于入户访问接触率较低，因此，电话访问就成为了样本代表性最强的数据采集方式。电话的回答率会更高且能收集到更多的定性信息。尤其是，电话调查能探究低满意度的原因，并在调查后决定行动计划时很有用。电话调查通常是许多企业和消费者市场中的组织更偏爱的选择。

3. 网络调查

网络调查常用于电子商务企业，特别是测评网站自身的客户满意度。一项有价值的客户满意度测评，电子商务企业应邀请一个随机的客户样本来完成包括所有客户需求的网络调查。即使这样，与邮件调查一样，低回答率的网络调查会遇到无回答偏差。

4. 深度访谈

深度访谈是消费者访问中最早的一种访问方式。适合比较长的问卷，比如 1 h 以上长度的访问。当问卷长于 1.5 h 时，还可以采取一部分由访问员面访，其他部分留置在被访者家中允许被访者有空时自行填答。这就是常规的留置访问法。其优点是访问员与被访者之间能够形成面对面的沟通，便于询问复杂问题，得到深入的答案。其缺点是由于被访者不容易接触，比如小区电子门、锁、保安等影响，很难接触到目标被访者，拒访率提高，成本较高，完成的时间长。

5. 混合方法

在同一调查中，有时适宜混合使用几种数据收集方法。这在企业市场上很常见，因为大客户与小客户的价值有很大差异。比如，组织会在服务重要客户时投资更多，同样，他们也会在调查重要客户时投资更大。因此，对重要客户可采用亲自访问，这样访问的时间可以久一些，并能使组织对重要客户的观点有更深刻的理解，同时可以向重要客户表明他们受到重视，这也会建立良好关系，这是电话访问或邮件调查无法做到的。此外，对中等价值客户可采用电话访问，对小客户可采用邮件调查的混合数据收集方法。

假设在同样条件下问相同的问题，回答将是可比较的，但重要的是要确保这种比较发生，必须在电话或邮件调查的核心问题后，对亲自访问的重要客户进行附加的讨论或提问，以确保附加的讨论（不存在于电话和邮件调查中）不会影响回答者对核心问题的回答。尽管问题的答案可比较，三种方式产生的结果的可信度却不同。较之其他两类，显然更低的回答率会降低低价值客户结果的可信度，但许多组织认为这是值得的。

四、客户满意度测评指标体系

客户满意度是衡量客户满意程度的量化指标，由该指标可以直接了解企业或产品在客户心目中的满意程度。客户满意度的衡量指标通常包括以下几项：

1. 美誉度

美誉度是客户对企业的褒扬程度。对企业持褒扬态度者，肯定对企业提供的产品或服务满意，即使他本人不曾直接消费该企业提供的产品或服务，也一定直接或间接地接触过该产品或服务的消费者，因此他的意见具有代表性。借助对美誉度的了解，可以知道企业提供的产品或服务在客户中的满意状况。

2. 指名率

指名率是指指名消费企业产品或服务的程度。如果客户对某种产品或服务非常满意，他们就会在消费过程中放弃其他选择而指名购买。

3. 回头率

回头率是指客户消费了该企业产品或服务之后再次消费，或可能愿意再次消费，或介绍他人消费的比例。当一个客户消费了某种产品或服务后，如果他心里十分满意，那么他将会再次消费。如果这种产品或服务短期内不能重复消费（如汽车、彩电、住宅等耐用消费品），他会向别人推荐，引导他们加入消费队伍。

4. 抱怨率

抱怨率是指客户消费企业产品或服务之后产生抱怨的比例。客户的抱怨是不满意的具体表现，通过了解客户抱怨率就可以知道客户的不满意状况。

5. 销售力

销售力是产品或服务的销售能力。一般来说，客户满意的产品或服务就有良好的销售力，而客户不满意的产品或服务就没有良好的销售力，所以销售力是衡量客户满意度的指标。

客户满意度指标是用于衡量客户满意度的项目因子或属性，找出这些项目因子或属性，不仅可以用来测量客户的满意状况，而且还可以由此入手改进产品或服务的质量，提升客户的满意度，使企业永远立于不败之地。

五、客户满意度调查流程

在国外，一些大的公司或者专门设立调研部，以进行客户满意度调查和其他调查，搜集各种信息；或者在营销部门设立调研分部，专门进行客户满意度调查。更多的公司是委托专业的调查咨询公司对本公司进行客户满意度调查。不仅如此，还常常有专业的调查咨询公司定期对每个行业的所有企业（或具有代表性的企业）进行客户满意度调查，甚至对政府也进行客户满意度调查，因为每个公民都是政府的消费者，都有权发表自己是否满意的意见。一些国家已经进行了全国范围内的客户满意度调查，瑞典最先建立了全国性的客户满意度指标，用以评价国民福利；美国对其调查和测评方法进行了完善，宏观上用于衡量国民经济的质量，微观上用于服务经济实体，促进企业间的竞争；欧盟多国、韩国等均按美国的模型构建了本国的客户满意度调查测评体系。

进行客户满意度调查工作，要本着科学认真的态度。我国目前已经有一些机构或个人从事客户满意度调查。对客户满意度调查我国仍存在两种看法，一种认为客户满意度调查很容易做，另一种认为客户满意度调查很难做。认为客户满意度调查很容易做的许多人，实际上并不能采取科学认真的态度来做，致使调查结果没有可信度，甚至对行业、企业和消费者产生误导作用。认为客户满意度调查很难做的人，他们只看到客户满意度调查需要大量的人力、物力、财力，调查的科学组织很难，因此消极对待。这两种看法都是片面的，都阻碍了客户满意度调查在大范围内进行和发挥其重要作用。

许多国家非常重视客户满意和客户满意度调查。对于理解客户的期望和要求的重要性，外国已经有大量的书籍和文章进行论述，并且众多企业或者自己、或者与其他公司合作进行客户满意度的实际调研。美国商务部于 1987 年设立的马尔科姆·鲍德里奇国家质量奖，就是最有代表性的例子。它每年奖励在质量成果和质量管理方面表现优秀的美国公司，客户满意度是该奖项的最大组成部分，占 30%的权重。奖项中的客户满意度分为 8 个子项：对客户要求和期望的认知程度，客户关系管理，客户服务标准，对客户的承诺，对质量改进要求的解决，客户满意度的确认，客户满意效果和客户满意度比较。客户满意度调查在国外已经有规范的操作方法，许多机构接受企业（公司）的委托每年都在进行大量的客户满意度调查。

我国对客户满意和客户满意度调查还没有引起足够的重视。许多企业在表面上似乎是很重视的，每天都在喊着“客户就是上帝”“一切为了消费者的利益”和“客户是企业的衣食父母”等口号，但在实际上却欺骗客户、坑害客户，根本不把客户的想法放在心上。客户满意度调查更是不能排上企业的工作日程，许多企业从主观上和客观上都不想开展这项工作，也没有开展这项工作。

通常来说，客户满意度的调查可以分以下几个步骤进行：

1. 确立调查目标

客户满意是一种理念，同时也是一门技术，以科学的方法调查和分析客户满意度，可以确定产品和服务在多大程度上满足了客户的期望和需求，并以客户为导向不断地改进产品和服务的质量，以期得到客户满意和赢得客户的忠诚。应该达到以下目标：

（1）确定使客户满意的关键绩效因素。

（2）评估公司的满意度指标及主要竞争者的满意度指标。

（3）明晰企业竞争的优势和劣势。

（4）判断轻重缓急，采取正确行动，改善公司服务质量。

（5）建立客户满意意识，控制客户满意和服务质量的全过程。

2. 选定调查对象

确定调查的对象对于客户满意度的测评至关重要，因为这是所有调研测评的前提和确保数据有效性的保证。一旦调研的对象选错了或者不太合适，最终所有的调研活动和最终制定出来的行动方案也必将失败。美国质量奖的要求也强调了识别客户的重要性：要通过访问、面谈和其他方式识别细分市场、目标客户和潜在客户（包括竞争者的客户），以及他们的要求和期望。

谁是我们的客户？这个问题看似简单其实不然。首先，产品的使用者和其购买者或决策者经常是不统一的，一个成年人购买的保健用品可能被一个老年人吃了，谁是商场的客户？对于大型商场来说，客户的多样性也为区分客户带来很大的困难，例如一个百货公司，它的客户可能是小孩、成年人、老人，甚至是一些单位，那么谁是客户？应该选取哪些客户作为抽样才能够保证调查结果的真实和有效？这都是调查之前要考虑的事情。

依据 2000 版 ISO 9000 标准有关客户定义的解释：客户可以是组织内部的即内部客户，也可以是组织外部的即外部客户。对于组织内部来说，“下一道工序”就是“上一道工序”的客户。因此，一个组织对客户的理解应是广义的，不能仅仅理解为组织产品的“买主”。同时，依据产品的“供应链”，客户可以分为中间客户与最终客户、现实客户与潜在客户，对客户的细化、分类和研究，有利于我们针对不同的客户需求进行不同方式的刺激和引导，从而使客户满意，以实现组织的目标。在做客户满意调查时，许多公司的客户满意还包括了对内部客户的调查。服务营销的观点认为，员工是公司的客户，每一位公司的员工同时也是其他员工的客户。这种全面客户观念对加强企业的服务意识和提高服务质量具有积极的意义，因为，达到客户满意需要公司全体员工的参与，这种员工相互之间的关系也直接影响他们如何对待客户的理念和行为。一个内部和气、相互尊重的公司气氛显然会有助于这些员工更好地服务外部客户。需要注意的是，客户满意度的调查要将内部客户和外部客户的研究区分开来，并且尽量做到将企业目标客户进行细分。对外部客户可以按照社会人口特征（性别、年龄、文化程度、职业、居住地等）、消费行为特征（心理和行为特征）、购买经历来分类。只有首先确定了要调查的客户群体，接下来才更便于有针对性地设计问卷。例如，一个百货公司除调查整体客户满意度外，还可以单独对电器、服装等楼层做一些简单的调查评估，并相应地选取适当的调查对象。

3. 制定满意指标

客户的要求和期望可以归纳为一系列的满意指标（也称绩效指标），这些指标是表明客户如何判断一个产品或一个公司的重要问题，这也是客户满意度研究的重要目的之一。这就是说，满意度调研首先应揭示出不同客户满意的指标在重要性上的差异、客户满意的程度，而且应找出满意和不满意的内在原因，并能比较各个竞争对手和自身在不同指标上的优劣。

这些指标的确定应该主要来自于客户而不是公司方面主观想象的结果。一般都要综合利用定量和定性研究方法来确定关键的满意度指标。探索性定性研究是定义关键指标的第一步，通过深入访谈和焦点小组访谈要涉及公司主管、和客户打交道的员工、现在和以前的客户、销售人员以及供应商等人，这些访谈为识别和理解重要的满意度指标提供了一个框架。开放性问题在这一阶段较为适用，能抓住客户的直觉反应和自发性，捕捉到从公司角度出发无法想象到的重要指标。其次要借助于对客户进行邮寄问卷、网上调查或电话访问法来筛选、确定一系列满意度指标。确立客户产生满意或不满意的绩效指标是客户满意度调查的核心内容，在确立客户满意度指标的过程中，必须注意以下几点：

（1）绩效指标必须对客户是重要的，而不是调查公司的自我设计。因此，要使指标来源于客户。

（2）绩效指标必须是可以控制的。绩效指标的调研会使客户产生对改进指标的期望，对一些无法改变的指标，我们不必浪费精力。

（3）绩效指标必须是具有普遍意义和代表性的。因为每个客户的期望和满意指标体系具有较为明显的差异性，因此，建立客户满意指标体系时必须考虑到不同类型客户的期望或要求，保证所设立的指标体系是具有综合性的、可代表总体的测评体系，而不是个别客户的期望因素。另外，客户满意指标可以不断细分，具体到各个方面会有很多小的指标，尤其是不同客户的期望因素的不同，更造成了这种满意指标的多样化，而企业如果要对客户满意作出一个科学的评价，也不可能将这种种指标全数罗列，这将会给这种调查、统计和分析带来极大的不便。事实上也未必是指标越多越科学。关键要做的是尽量保证指标系统中的每一个要素的重要性和具有普遍意义，同时保证整体上的科学性。

（4）绩效指标是不断变化的。客户的期望和要求是一个不断变化的过程，因此，这种指标体系也应随着社会环境和客户要求的变化而变化。同时，企业对客户满意度的测评也应成为一项经常性的工作，一般一年测评一次较为合适。

（5）绩效指标必须是具体的，而不是概括的，它能够明确指出问题出在哪里、具体是哪个环节、哪个部门（或人）。例如，如果我们将一个客户满意指标定义为“产品质量”或“售后服务”，则会显得过于空泛，而没有实际的意义，因为即使通过大量的调查获得了一个客户对这种“产品质量”和“售后服务”的总体评价，但我们却无法参考这种结果来改进我们的服务，因为我们不知道客户最终是对“产品质量”和“售后服务”哪个具体方面满意或是不满意。正确的方法应该是在这些指标下，再设立一些具体的小指标，使每一个指标具体化。

以商业企业为例列出了一种满意指标细分的方式，见表 4—1。

表 4—1　　满意指标细分表

一级指标	二级指标	三级指标
客户满意度	产品价值	货品质量评价
		货品款式评价
		价格接受程度
		货品的安全情况
		货品种类是否齐全
	环境价值	购物环境舒适情况
		场地清洁情况
		陈列货品整齐情况
		浏览货品是否方便
		休息场所的要求

续表

一级指标	二级指标	三级指标
客户满意度	服务价值	营业人员服务态度
		营业人员业务水平及专业知识
		收银、取货是否快捷
		送货、安装、维修制度
	形象价值	企业信誉评价
		员工仪容、仪表
		员工精神面貌
		品牌形象评价
	附加价值	投诉处理情况
		退、换货情况
		意见、建议管理
		交通是否方便
		是否会继续购买

为了方便调查的统计分析，客户满意指标确定后我们还有必要使用态度量表来设计问卷，最常用的方法是用李克特里表，即分别对 5 级态度“很满意、满意、一般、不满意、很不满意”赋予“5、4、3、2、1”的值（或相反顺序）。让被访者打分，或直接在相应位置打钩或画圈，见表 4—2。

表 4—2 李克特里表

测评指标	很满意	满意	一般	不满意	很不满意
您对本商场货品质量的评价					
您对本商场环境舒适情况的评价					
您对本商场场地清洁状况的评价					
您对本商场陈列货品整齐的评价					

需要说明的是，在设计具体的调查问卷时应注意以下几点原则：

·避免一般性问题

提问的目的是获得某种特定的信息，如果问题过于一般化，结果会使所得到的答案无多大的意义。例如“请为空调市场多提宝贵意见”这样的提问，最后收到的信息也必定空泛而失去意义。如果再具体一点：“请您对空调的售后服务多提宝贵意见”可能效果会好很多。

·问卷的设计要便于理解，表述要尽量避免使用模糊语言

例如，“请问您最近买过×皮鞋吗?”在这个问题中，对“最近”的界定就不清

楚，被访问者可能依据自己对“最近”的理解，将其定义为一周、一个月、半年甚至是一年以上。

· 避免使用容易产生不同理解的字词

例如，“您家里使用空调机的时间大致是夏季__月，平均每天使用__小时。”其中，这个“月”就导致问卷填写出现两种情况：一种填写夏季“1～2 个月”，另一种是填写夏季“6—7 月”。这样就造成了有效信息的失真。

· 避免出现引导性问题

引导性问题是指设计出的问题中所使用的字眼带有趋势性、暗示性、显示出调查者自己的想法。例如“大多数人经常使用××牌洗衣粉，您也是吗?”

4. 调查分析报告

正确分析访问结果，理解客户的感觉并制订改进的战略计划极为重要。这种客户满意的分析方法一般来说包括定性分析和定量分析两种。

客户满意度调研的各个阶段都需要对定性信息进行分析。例如，对初期的深入访谈和客户焦点小组访谈记录的资料进行分析，可以确定初步的绩效指标；对问卷开放题的答案进行分析，可以确定对各个满意度指标的评价和重要性，也有助于找出客户满意或不满意的主要原因。通过编码和汇总分类，可以从开放性问题的回答中识别和提取重要的主题、问题、结构。编码过程中往往会带有很强的主观性，而减少主观性的途径之一就是比较两个或者两个以上独立编码的个人所设计的代码，这样可以检验并讨论想法的差异，并在最终的代码表中包含每个人的最佳意见。内容分析方法是满意度调研中的重要的定性分析方法，通过计算有关满意度的某个具体观点、看法或者观察其出现的次数，进行词语频率分析，确定词语使用水平的模式。在开放性答案中确定初步代码或者从焦点小组中确定初步的满意度指标时，词语的出现次数是很有价值的信息。

定量分析是将原始数据转化为易于理解和解释的形式，并通过各种统计技术的应用深入挖掘和分析变量间的关系。在满意度的量化分析中，数据分析既包括对各满意度指标百分率变化的描述性分析，也包括运用复杂的统计技术确定不同的满意度指标对整体满意度的重要性、根据历史数据预测整体满意度，以及比较公司与竞争对手在各满意度指标上的优势和劣势。最终在这些分析的基础上，确定公司在改进产品和服务，提高满意度上应该采取的措施。数据分析从检测百分率变化到运用复杂的统计技术，涉及内容十分广泛，例如百分率、算术平均值、多元回归分析、判别分析、因素分析等都是客户满意统计分析技术中不可缺少的数据分析方法。

5. 客户满意度的利用

任何一项调研的意义在于数据的分析和利用，如果一项调查只是出一份报告然后将其尘封，那么这项调查将变得毫无意义。用考坎姆公司的质量主管 R.L 的话来说，“客户满意已经成为整个组织业务计划目标的驱动力，我们全面质量管理的目标就是要达到客户满意。我们要根据客户满意度的测量结果而采取具体的行动，以赢得市场份额。”

日本本田公司在 1986 年率先推行客户满意战略，对其在美国市场上前一年购入新车的客户就服务人员的服务态度、售后服务等每月进行一次客户满意度问卷调查，并对其结果进行迅速反应，从而彻底改善了客户的不满之处。结果，此后 5 年，本田汽车的销量由 69 万辆大幅增长到 85 万辆，本田汽车也获得全美最受欢迎的汽车项目评比第一名。

一般来说，利用客户满意最终必须转化为两个一般目标：一是改善与公司过去业绩相关的绩效，二是改善与竞争者业绩相关的绩效。通过客户满意度的调查，我们必须能够清晰地掌握公司的哪些绩效指标是关键的，哪些指标是次要的，公司在各项指标中得到的客户反映如何，以及与竞争者相比是否具有优势。同时，客户满意度的研究结果也应该尽量让每一个员工知晓，并让他们参与调研的过程，这样可以比较客户、公司主管和员工之间的感觉差别，消除高层主管与其他员工之间在认识上的差距，采取合适的培训和沟通策略。美国国家质量奖这样强调：“这是一个对公司所有部门部署有关要求的信息，以确保与客户接触员工的有效支持，因为公司的客户服务标准正是由他们去实现。”

如图 4—1 所示，通过客户满意度调查的结果，结合因素重要性推导模型，就可以识别哪些是公司急需改进的因素，哪些是需要继续保持的因素。

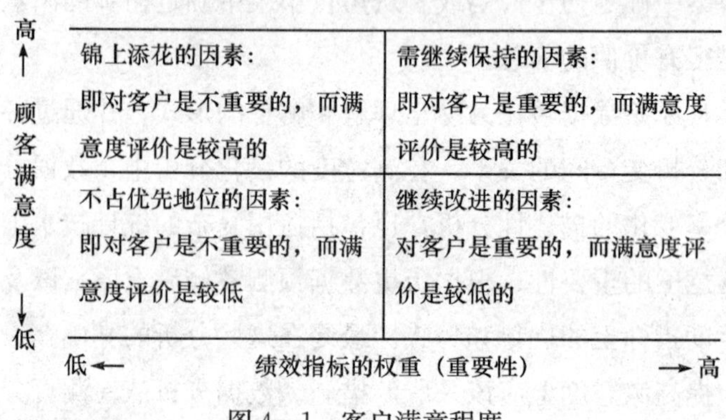

图 4—1　客户满意程度

6. 避免信息失真

在通过调查手段获得客户满意度信息时，值得注意的一点是，这些调查可能不一定能真实地反映客户的意见。通常情况下，接受调查和填写意见卡的客户都是对自己的经历不满的客户，或者是想从意见中得到好处的客户。满意的客户可能没有时间来表达他们的满意，因而企业在对客户满意度进行总体勾画时就无法把他们的意见包含进来。

调查表和意见卡之所以会成为不可靠的资料来源，还有另外一个原因，就是询问的方式。这体现在两个方面，即问问题的方式及所问的问题。有时，反馈回来的信息是积极的，但实际上还存在问题，那些可能出现消极答案的问题是可以回避的。如果公司里的员工知道需要改进客户服务，而高层管理者并没有意识到这一点，或者由于某种原因封闭了信息来源，这些需要改进的问题可能就永远无法得到认识。因此，询问的方式也可能会掩盖信息。

调查的问题可能数量不够，因而不足以有效地说明问题。某公司曾经对客户进行过一次调查，看看他们对某一项马上就可以实施的新服务持有什么看法。调查时问的问题就是客户是否愿意由公司来提供这项服务，调查的结果几乎全部都是鼓励公司提供服务的。于是，公司就增加了这项服务。但是很少有客户使用过这项服务。公司对此十分困惑，为什么调查的结果如此积极，好像客户对此项服务充满了期待，却很少有客户使用它呢？对同一群客户又进行了一次调查，只是这次比前一次的调查多了一个问题，“你会积极地去参加与使用这一项服务吗？”结果几乎没有人回答“是”，经过进一步的分析，发现虽然客户觉得这项服务听起来不错，大多数人却都认为他们并不会真的使用它。所以，忽视一个问题就会极大地影响整个调查的有效性。

避免调查失真的一个最有效的解决办法就是委托专业的调查公司与企业共同完成客户满意度的调查。当然，在此还要提醒的一点是，目前对于客户满意度的调查有一种将问题复杂化的迹象。一些调查机构将行业性的或是国家级的客户满意度调查方法拿来做企业的客户满意度调查，并将一些客户满意度的技术方法搞得谁都弄不明白，实际上这是完全没有必要的。对于企业来说，有时候定性的结果比定量的数据结果更为有用。因为数据一定是用来比较的，对于一个企业来说，客户满意度是 60 还是 80 其实根本不重要，因为它必须和过去、未来，或是对手、行业进行比较时才有意义。而这些过去、未来、对手和行业的测评方法和内容都是不同的，比较也因此失去意义。企业最关键的是要了解客户对企业的产品或是服务的具体的哪些方面存在问题，而这些问题是可以通过各种措施进行改进的。这是最重要的一个观念。

【案例4—1】 某机械厂客户满意度测量

某机械制造厂采用发放调查表方法调查客户满意度。调查表中，客户满意程度只有“满意”和“不满意”两档。发出调查表80张，实际收回53张，其中填“满意”45张，“不满意”8张，据此得出满意度为45/53=91%。

80家客户中有27家没有收集到反馈意见，任其信息流失，说明此次满意度调查是不够全面的。

将满意度设定为“满意”和“不满意”两档，非黑即白，不能充分表达客户满意的心理感受，分档不够科学。尤其重要的是，调查方法没有记录客户对产品使用功能、可靠性、价格、外观、供货及时性、售后服务周到性等具体分项上的满意程度，无法得知其具体意见。另外，调查表没有留出客户意见和建议的文字表达栏。

结果，该机械厂没有获得真正的客户信息，从而失去了产品及体系改进的机会。

对客户满意度的调查结果宜重新策划，并重新设计相应记录表格。

(1) 调查表中，满意程度宜设“很满意”“满意”“一般”“较不满意”和“不满意”五档，对应“产品功能”“可靠性”“价格”“外观”“供货及时性”和“售后服务”六个方面设定权重和分值，加权平均获得比较全面和科学的调查结论。

(2) 调查表中，应设客户意见和建议的文字栏，让客户充分、完整地表达意见，使本组织的改进活动更贴近客户需求。

(3) 除调查表外，还应增加其他渠道和方式调查客户的满意程度和意见。例如，定期走访客户、召集座谈、展销会上口头征集客户意见和维修服务后的电话回访等，通过数学模型将其量化，合并综合调查表的客户满意度，得出总的客户满意度。

(4) 调查表不能全部回收是正常的。对部分客户建议采取电话调查，可将信息予以弥补。

电话调查要做好准备，事先和对方联络说明需要，通话时双方应持有调查表，逐项问答，并留下可信的记录。

部分组织在进行客户满意度测量后，并没有利用收集来的信息和测量结果进行分析，从而找出改进的方向。以下列举的这些事项，在增值审核中应予以关注：①将客户满意度实测值与目标值比对，检验实测值是否达到或超过目标值，并分析原因；②分析满意度较高和较低项目的原因；③分析不同调查项目的满意度与总体满意度之间的相关性，找出影响满意度的重要因素以及改进措施；④研究分析不同的产品类别之间、不同销售区域之间客户满意度的不同等。

ISO 9001：2000 标准用作认证和合同目的，其更为关注的是过程的有效性，并通过体系的有效应用，旨在增强客户满意。有些获证组织经过一段时间的体系运行后，体系运行基本正常，能够达到标准的要求，客户满意度也能保持在较高的水平上。如何进一步通过体系的运行，提高工作效率、降低成本、节约资源，以提高经济效益成为组织更为关注的问题。

学习单元 2　客户满意度表格设计

学习目标

- ➢掌握客户满意度表格的设计
- ➢熟悉客户满意度的测量方法

一、客户满意度表格的设计

客户满意度调查表从形式内容上分可以有很多类型，下面列举几种客户满意度表格，以供参考，见表 4—3～表 4—5。

表 4—3　　客户满意度调查表

客户资料			
客户名称		公司名称	
联系电话		邮件地址	
联系地址			
购买的产品型号			
调查内容			
您是怎么知道本公司产品的	□广告　□朋友介绍　□电脑市场　□其他途径		
产品质量和价格方面			
对产品的功能	□非常满意　□满意　□一般　□不满意　□非常不满意		
对产品的稳定性、兼容性	□非常满意　□满意　□一般　□不满意　□非常不满意		
对产品的外观造型	□非常满意　□满意　□一般　□不满意　□非常不满意		
对产品的价格	□非常满意　□满意　□一般　□不满意　□非常不满意		

续表

服务方面	
1. 热线服务	
热线服务时间	□非常满意　□满意　□一般　□不满意　□非常不满意
服务热线接通	□非常满意　□满意　□一般　□不满意　□非常不满意
热线服务人员的服务态度	□非常满意　□满意　□一般　□不满意　□非常不满意
热线服务人员的责任心	□非常满意　□满意　□一般　□不满意　□非常不满意
热线服务人员专业知识水平	□非常满意　□满意　□一般　□不满意　□非常不满意
为解决问题回复的及时率	□非常满意　□满意　□一般　□不满意　□非常不满意
2. 维修服务	
产品出现问题后的处理流程	□非常满意　□满意　□一般　□不满意　□非常不满意
维修产品的修复质量	□非常满意　□满意　□一般　□不满意　□非常不满意
维修产品的返回速度（及时性）	□非常满意　□满意　□一般　□不满意　□非常不满意
更换新产品的速度（及时性）	□非常满意　□满意　□一般　□不满意　□非常不满意
维修工程师的服务态度	□非常满意　□满意　□一般　□不满意　□非常不满意
3. 返修产品服务	
是否愿意在此购买××产品	□愿意　□不愿意
您是否愿意将××产品介绍给你的朋友	□愿意　□不愿意
对产品、服务的意见或建议	

在客户满意度调查表中，所分的类和每类中的具体问题，越详细越好，这样可以得到更多有用的信息。

表 4—4　　　　客户满意度调查表

客户资料部分：

姓名_______性别_______

邮编_______住址______________________

电话_______工作单位____________________

客户感受部分：

一、商品部分

1. 您认为我们公司的产品在哪一方面最符合您的要求：

A. 价格　　B. 外观　　C. 手工　　D. 质量　　E. 其他

2. 您对我们公司产品的哪一方面感到最满意：

A. 价格　　B. 外观　　C. 手工　　D. 质量　　E. 其他

请给予简单说明______________________________

3. 您对我们公司产品的价格评价是：
A. 很好　B. 好　C. 普通　D. 稍差　E. 不好
4. 你对我们公司产品的外观评价是：
A. 很好　B. 好　C. 普通　D. 稍差　E. 不好
5. 你对我们公司产品的手工评价是：
A. 很好　B. 好　C. 普通　D. 稍差　E. 不好
6. 您对我们公司产品的质量看法是：
A. 很好　B. 好　C. 普通　D. 稍差　E. 不好

二、服务部分

1. 您认为我们公司的服务哪一方面最符合您的需求：
A. 待客的态度　B. 服务的品质　C. 服务的效率　D. 服务的用语
E. 抱怨处理　F. 店内清洁　G. 其他（请说明）
2. 您对我们公司提供的服务哪一方面感到最满意：
A. 待客的态度　B. 服务的品质　C. 服务的效率　D. 服务的语言
E. 抱怨处理　F. 店内清洁　G. 其他（请说明）
3. 您对我们公司待客态度的评价是：
A. 很好　B. 好　C. 普通　D. 稍差　E. 不好
4. 您对我们公司服务品质的评价是：
A. 很好　B. 好　C. 普通　D. 稍差　E. 不好
5. 您对我们公司服务效率的评价是：
A. 很好　B. 好　C. 普通　D. 稍差　E. 不好
6. 您对我们公司服务用语的评价是：
A. 很好　B. 好　C. 普通　D. 稍差　E. 不好
7. 您对我们公司抱怨处理的评价是：
A. 很好　B. 好　C. 普通　D. 稍差　E. 不好
8. 您对我们公司瑕疵处理的评价是：
A. 很好　B. 好　C. 普通　D. 稍差　E. 不好
9. 您对我们公司专业服务水准的评价是：
A. 很好　B. 好　C. 普通　D. 稍差　E. 不好

三、整体评价

1. 以您所付的价格，您对我们公司的总体评价是：
A. 很好　B. 好　C. 普通　D. 稍差　E. 不好
2. 和其他同类公司相比，您对我们公司的整体评价是：
A. 很好　B. 好　C. 普通　D. 稍差　E. 不好
3. 您认为我们公司中哪些人对您进行了特殊的帮助，请告诉我们，以及他们采取了怎样的帮助：
姓名＿＿＿＿＿＿＿＿工作号＿＿＿＿＿＿＿＿
所处柜台＿＿＿＿＿＿日期＿＿＿＿＿＿＿＿
您的意见：＿＿＿＿＿＿＿＿＿＿＿＿＿＿＿＿
4. 请告诉我们，您对我们公司最满意的地方是什么？
＿＿
＿＿
＿＿＿＿＿＿＿＿＿＿＿＿＿＿＿
5. 请告诉我们，您对我们公司最不满意的地方是什么？
＿＿
＿＿
＿＿＿＿＿＿＿＿＿＿＿＿＿＿＿

6. 请告诉我们，您的需求是否被满足，为什么？

7. 您曾经是我们的客户吗？

8. 您上次光临是什么时候？

9. 是什么吸引您来到我们公司？

10. 您曾购买过与我们提供同样商品的其他公司的商品吗？

11. 最后，请您写出您的任何批评意见。

非常感谢您的回答，您的意见对我们来说是非常重要的，我们将竭力按照您的需要改善服务，欢迎您一如既往地支持我们。

表 4—5　　　　客户满意度评估表

评估项目	项目权重	评估小项	小项权重	备注
实物质量	××%	包装	××%	
		外观	××%	
		功能	××%	
		使用方便程度	××%	
		说明书内容	××%	
服务质量	××%	服务网点	××%	
		服务设施	××%	
		服务及时性	××%	
		服务有效性	××%	
		服务人员态度	××%	
价格	××%	产品价格	××%	
		维修费用	××%	
		运输费用	××%	

续表

<table>
<tr><th>评估项目</th><th>项目权重</th><th>评估小项</th><th>小项权重</th><th>备注</th></tr>
<tr><td rowspan="2">交付</td><td rowspan="2">××%</td><td>交付及时性</td><td>××%</td><td rowspan="2">针对经销商调查</td></tr>
<tr><td>交付可靠性</td><td>××%</td></tr>
<tr><td rowspan="4">经销商</td><td rowspan="4">××%</td><td>服务态度</td><td>××%</td><td rowspan="4">针对最终客户调查</td></tr>
<tr><td>经销商信誉</td><td>××%</td></tr>
<tr><td>服务项目</td><td>××%</td></tr>
<tr><td>备品、备件供应状况</td><td>××%</td></tr>
</table>

二、满意度的测量方法

客户满意度的测试方法多种多样，其具体运用视测试对象与测试目的而定。包括问卷调查、样本、专职调查与试验测试等方法。

1. 问卷调查测试

通常对于比较明确的客户，即能够具体掌握客户资料的情况下，测试方法较简单，只要使用印刷好问题和备选答案的问卷进行问卷调查就可以了。

2. 样本测试

对于不确定的客户，即没有客户资料时，利用大量样本来调查是测试客户满意度常用的方法之一。

没有客户资料的情况多是消费品，特别是几乎所有人都会用到的日用消费品。由于调查对象都有使用该种商品或服务的体验，因此随机选择大量样本，请对方回答对利用过其商品或服务的公司的满意程度，这样不但可获得客户对自己公司产品或服务满意度的资料，同时还可获得客户对其他公司产品或服务满意度的资料，从而能够满足某些企业试图与其他公司进行比较的调查需要。

但是，由于这种方法需要选取大量样本，如果由单一企业独自进行，则效率不是很高，最好是由相关的几家企业联合进行，实行资源共享，这样能够避免重复调查的浪费。

3. 专职调查测试

在大量取样的调查方式难于进行的情况下，例如，出租车行业的调查，可以聘请外部人员作为本企业的特别调查员，站在客观、公正的立场来进行调查。

在进行这种方式的客户满意度调查之前，必须预先设定好客观的评价基准，由专职调查员依据这些基准来评定企业商品和服务的品质。这种方法类似于目前流行的聘请企业外部监督员的做法。但必须特别注意的是，不要把它只作为对外宣传的摆设，而要实实在在地去实行，对专职调查员的培训和对其工作过程的控制及成果评价很重要。

4. 试用测试

公司从目标客户群中按一定标准选出有典型代表性的潜在客户，让他们试用本企业的商品及服务，并从客户（消费者）角度使其进行评价。通过这种方式，公司也能掌握客户对企业商品及服务的可能感受。

这种方法效果好坏的关键在于选取试用的“代表”，要尽量使这些代表具有普遍的代表性。从精确的要求出发，受试者应尽可能多，但人数太多会给操作带来困难。因此，应该根据公司客户的结构（如年龄、性别、职业等），选取恰当的代表。

【案例 4—2】 客户满意度指数（CSD）测量

一、目的

客户满意度是用户对企业产品综合性的评价，并确定其是否继续使用的关键，是质量改进的依据，也是质量管理体系运行有效性的指标。为加强我公司客车的市场开拓和巩固，及时有效地解决用户提出的问题，进一步提高质量管理体系的有效性，特建立公司客户满意度（CSD）指数测量方法。

二、总体样本

汽车产品质量在使用6～12个月后趋于稳定，所以我们一般选择6～12个月后的用户作为调查对象，在必要时进行全体用户的满意度调查。

三、样本数量

为确保调查的有效性，样本数量必须同时满足以下条件：1. 不小于总体样本数的30%；2. 样本数量不小于50。

四、抽样方法

根据调查目的和概率论的有关结论，采用随机抽样的方法。

五、调查表回复率

从有关客户满意度调查的资料看，随机抽样调查回复率达50%以上是较高的，故公司认可的回复率为不小于50%。

六、调查项目和权重

为确保调查的全面性，列举了客车产品影响用户满意度的所有因素，具体如下：1. 性能0.4（包括安全性、可靠性、方便性）；2. 价格0.2（包括产品及配件价格）；3. 服务0.2（包括售后服务速度、态度等）；4. 外观0.1（包括车型、内部装饰、线条）；5. 品牌0.1（包括宣传、广告、当地认可度）。除此之外，设置了“其他意见”栏，以便用户提出其他意见。

七、调查级别和权重

借鉴国外有关理论和经验，把评价结果和权重表示为很满意、较满意、一般、较不满意、很不满意五级，权重分别为 1.0、0.8、0.6、0.3、0。

八、方法模型

根据以上原则制定以下方法模型：

客户满意度（CSD）指数测量方法采用加权平均法。

$$CSD = K_1 \times X_1 \times N_{11} + K_1 \times X_2 \times N_{12} + \cdots\cdots + K_5 \times X_5 \times N_{55}$$
$$= \sum K_i \times X_j \times N_{ij} \quad (i、j=1 \sim 5)$$

最终 CSD=CSD×100/N

K——影响客户满意度 CSD 要素权重，按从大到小顺序分别为 $K_1=0.4$，$K_2=0.2$，$K_3=0.2$，$K_4=0.1$，$K_5=0.1$；

X——客户满意的等级权重，分为五个级别，$X_1=1.0$，$X_2=0.8$，$X_3=0.6$，$X_4=0.3$，$X_5=0$；

$N_{11} \sim N_{55}$——调查结果的实际数量；

N——实际收回调查表数量（样本数）；

CSD——客户满意度。

九、客户满意度调查由市场部负责实施，并写出分析报告报公司领导及质量保证处。

十、调查表样式（见表 4—6）

表 4—6　　客户问卷调查

尊敬的用户：

您好！首先感谢您选择××客车！

为了使您（公司）能更好地享受到××客车的服务，请您用正楷字体填写下面表格，因为客户的意见是我们前进的动力，感谢您的合作！

××客车有限公司

用户名称（公司名称）			
车　型	底盘型号	发动机型号	购买日期

用户对产品及服务质量评价（请在方格内打√）

	很满意	较满意	一般	较不满意	很不满意
性能（包括安全性、可靠性、方便性）					
价格（包括产品及配件价格）					
服务（包括售后服务速度、态度等）					
外观（包括车型、内部装饰、线条）					
品牌（包括宣传、广告、当地认可度）					
其他意见：					

注：如详细内容本页不够填写，请另附页。

回信地址：

邮政编码：

联系电话：

学习单元 3　提高客户满意度措施

学习目标

- 掌握客户满意度的策略
- 掌握客户满意度的相关信息
- 了解客户满意度的相关信息分析方法
- 熟悉提高客户满意度的措施

一、客户满意度信息分析的方法

1. 需要超前的客户信息管理

收集有关客户满意度的信息，有各种各样的方法。

（1）从客户处，通过以下方法：

1）调查。

2）访问、集体调查（对象为 5～10 人，就一特定问题进行专门调查）、深入面谈。

3）电话交谈。

4）柜台对话。

(2）从员工处，通过以下方法：

1）调查。

2）访问、集体调查、深入面谈。

(3）其他

1）企业内部业务分析、内部资料分析。

2）交易伙伴的意见。

一般来说，如果是零售店的话，在客户来买东西的时候，可以请他填一份调查表。询问他的姓名、生日、住所、电话号码、家庭构成、家人姓名、家人生日等。这也是一种办法。人的生日一生都不会改变。所以就可以在每次向他祝贺生日的时候对他提些购买建议。

每逢客户的生日就给他送花，成人礼的时候送去贺信。孩子从幼儿园升小学的时候，送去象征交通安全的护身符或者简单的礼物。通过这些服务，从日常做起形成高品质的联络网，这是非常重要的。

在此基础上，就有可能根据客户信息提出自己的提议或进行积极的接触。

为了以这种形式很好地利用客户信息，重要的在于通过调查或采访获取尽可能多的信息，并用计算机等管理这些信息，以便于在任何时间以任何形式都能得到想要的资料。这就是所谓客户信息的数据库化、客户信息管理系统的形成。

经过这样收集、管理的客户信息当然也可以在控制商品的买新换旧、增加购置市场时使用。

例如，如果收集了下面一些信息："客户购买的是什么样的商品?""那种商品的使用年限是多少年?""期间的保养维护是怎么进行的?"

那么在这个客户买新换旧的时候，公司就可以尽早地主动向客户提议。

只有准备了连买新换旧、增加购置的提议都包含在内的程序，客户信息管理系统才能真正形成。

毋庸置疑，我们过去也一直采用各种方式将客户信息用于销售之中。但是，实际上很多公司在保存了客户的姓名和住址后，只是用于寄送贺年片或者通知客户有廉价促销活动。

这是"守株待兔式的客户管理"，谈不上是真正意义上的客户信息管理。今后的客户信息管理必须是"进攻型的管理"，也就是说，销售方要主动地不断提出建议，进行超前的"进攻型客户信息管理"。

2. 客户信息管理的四个关键

客户信息管理的四个关键是：人、物、资金、时间。

以零售店为例，进行客户信息管理需要知道：客户中有多少18到23岁的单身的公司白领女性；其中有多少人是单独居住；她们在什么时间买了什么商品，买了多少；那些商品是什么颜色、什么样式的；购买过程有什么特征，是领了奖金买东西的时候多还是领了工资买东西的时候多；分期付款购买了大宗商品后，以什么样的方式继续购买行为等。

要收集、分析有关人、物、资金、时间的数据，并根据这四项中心内容进行接触或提出前瞻性的建议。在提出建议的时候，不仅要单独利用“资金”或者“物”的数据，有时还必须将“人”和“物”、“人”和“资金”或者“人”和“时间”综合起来。

当然，在这个过程中也有必要推进数据收集和管理的机械化。比如，可以通过POS（主操作系统）更早掌握什么时间卖出了什么商品，卖出了多少。这样一来，就能够为了提高客户满意度而研究进货和库存措施。

总之，客户信息管理的真正目的是，充分地利用相关的客户信息，向曾经来本公司购物的客户经常性地、逐步地展开高品质服务，以此提高客户的满意度。如果实现了这些，客户占有率自然就会提高。

以前，人们专注于如何收集客户信息，而今后，必须进一步考虑如何分析收集到的信息并加以有效利用。现在已经进入了这样的时代：单纯拥有很多客户信息并不重要，关键在于如何利用所拥有的信息。

3. 客户满意度分析

客户是否满意取决于客户将其对一个产品或服务的感知的效果与他的期望值进行比较后所形成的感觉。而“客户满意度”可以看作是可感知效果与期望值之间的变异函数。如果可感知效果低于期望值，客户就会“不满意”；如果可感知效果与期望值相匹配的话，客户就“满意”；如果可感知效果超过期望值，客户就会“高度满意”。

客户满意度分析就是在客户满意度调查基础上，分析影响客户满意度的因素，再确定其影响客户满意度的程度，以此来确认改善服务的重心。

客户满意度分析主要应把握下面这些环节：

（1）设计专业问卷对客户实施满意度调查。对一般企业来说，满意度调查是客户需求分析的开始，调查问卷最好聘请专业的调查公司来进行。专业调查问卷设计的重要性绝不低于挑选一个好的执行单位。

（2）确定影响客户满意度的因素。就是要分析那些可能影响客户满意度的因素。

（3）分析并确认影响客户满意度因素的权重。即要求确定影响客户满意度的因素，并权衡其在客户满意度中所占的权重。原因就在于，一个企业的资源有限，不可能将任何影响客户满意度的问题全部解决，通常应当分出轻重缓急。

（4）客户满意度分析后应当有后续——对分析的正确性进行考察。将调查后的数据用理论分析后，肯定是有偏差的，偏差的大小需要客户服务人员仔细核对，这样才能保证分析的结果更接近现实。

4. 客户满意维度分析

客户满意是指客户在购买商品或享受服务时所感受到，并且是发自内心的愉悦和满足感。客户满意度即指这种愉悦和满足的程度。企业的产品能否被客户所承认、接受，取决于客户对企业产品的质量和服务的满意程度，所以，概括起来讲，客户满意度就是客户对企业产品和服务的满意程度。企业的产品是个综合概念，客户选择企业的产品，衡量企业的服务优劣要有定性和定量的指标来评价，客户从使用和需要的角度出发，指出自己的满意程度，这些指标概括起来包括以下几个方面：

（1）产品性能的要求

1）产品的功能，即产品为满足客户要求应具备的基本功能的质量特征。

2）产品的结构与操作要求，即表达产品结构合理性，便于装卸、维护和操作的质量特征。

3）产品的外观要求，包括产品的造型、颜色、光泽、气味、包装等。

（2）产品的使用要求

1）可用性：是产品处于应用状态的有效时间与不能处于可应用状态的停工时间的比率关系。有效时间实际上是指产品的使用寿命，即产品在规定条件下满足规定功能要求的时间。

2）可能性：是在规定的时间内，在规定的条件下，完成规定功能的能力。它实际上反映客户对产品在使用中不发生故障的可能性的要求。

3）维修性：是产品在使用过程中易于进行保养和修复的功能。是产品发生故障后衡量能否迅速修复和恢复功能的一种标志。

4）安全性：是产品在流通、储存、使用过程中保证安全的程度。它包括人身安全，确保操作过程中不会造成人身伤害，噪声是否影响环境，环境污染，产品粉尘、废气、温度等对周围环境有害影响的程度。

（3）在考虑产品质量特征的同时，还要考虑产品的经济性

产品的经济性是指产品在规定条件下和寿命周期内支付总费用的多少，要求成本低、售价低，使用中便于维护保养，要有符合客户承受能力的经济性。产品的经济性取决于消费者的购买力，同时影响着客户是否有能力接受产品，所以，不同的产品要满足不同层次购买力的消费者，产品才会有市场，才能得到客户的满意与认可。

（4）企业对客户提供的服务也是客户满意度中的重要内容

企业对客户提供服务是争取消费者对企业信赖的有效途径，是客户满意与否的一项标志。良好的服务会加深客户对企业的信任感、满意度。从服务性质可分为是不是最快捷的服务，是不是有偿性的服务。有偿服务又包括经济补偿服务和感情补偿服务。此外，企业是否进行了跟踪服务，即客户对产品的质量好坏、性能优劣的信息反馈；另一方面，还包括企业的服务质量。所以，客户满意度的内涵是广泛的，评价客户满意要从多方面考虑，才能取得较好的效果。

5. “客户满意工程”对企业的要求

实施客户满意工程的主体是企业，其基础是企业生产经营应以客户的需求和利益为中心，绝不能把企业提供的服务当做促销的手段，要超越产品质量本身，以赢得客户百分之百的满意。客户满意工程的实施对企业提出了全面的要求：

第一，最主要的是要有一个崇高的企业精神，有一个真诚为客户服务的理念。以客户满意为标准，全部生产经营活动都集中到追求客户满意上，这就要求企业根据市场的变化，不断调整经营策略。同时企业应转变质量观念，调整产品结构，不断创新，以适应消费者日新月异的要求。

第二，要求企业注重人员培训，加强敬业精神的教育，一面提高企业员工整体素质，一面强化员工的质量意识。同时要鼓励服务人员注重客户的满意度而不是成本。

第三，要有一套高效的运营机制。企业在了解不同客户的具体需求特别是潜在需求的基础上，开发生产客户满意的产品；在确保产品质量优势的前提下，增加售后服务项目，提高服务质量。

第四，要用品牌经营使消费者记住企业。当今是品牌经营时代而不是产品经营时代。企业要从战略的高度把握品牌的内涵，它不是靠广告打出的知名度，而是一种美誉度，是在消费者心目中对企业的一种良好的概念，它不是短期内可以完成的，需要企业脚踏实地地一步一步做起。

第五，要求企业必须加强以全面质量管理为重点的各项企业管理工作。客户满

意工程的基础是质量，而产品质量、服务质量都与企业的经营管理水平密切相关。因此，企业的经营管理水平是影响客户满意工程能否取得实效的重要因素。

在市场经济下，只有满足客户需求，才有效益。美国微软公司总裁比尔·盖茨估计，这家全球性的公司今后 80%的利润都将来自产品销售后的各种开发、换代、维修、咨询等服务。而只有 20%的利润来自产品销售本身，服务质量将决定企业未来的命运。因此，企业不仅仅要有使客户满意的产品质量，而且要通过满足客户的需求，用高质量的服务产生更高的效益。因此，企业就要把客户放在应有的重要位置上，将客户服务看作企业的一项长期投资。

二、提高客户满意度的措施

提高客户满意度、赢得客户的忠诚是一个复杂的系统工程，常用的使客户满意的方法如下：

1. 贴近客户

企业应首先确立以客户为中心的理念，然后再通过实施一系列的项目来获得客户体验资料，对企业员工进行客户关系课程的培训，并将客户的需求写入所有的工作日程，从而实现这一价值。其次，就是建立“内部客户”制度，使企业的整个工作都围绕客户服务来展开。最后，还应与客户建立有效的沟通系统，及时了解客户需求，并对客户需求进行快速反应。贴近客户，就是要把“客户是衣食父母”写进企业文化，明确收益来自为客户服务的回报，并把“贴近客户”作为精诚服务的一个原则，以真正实现了解客户需求、满足客户要求的目的。这种强烈的服务意识，将对提高服务质量和业务的迅速扩展起很重要的作用。

贴近客户的方式：

（1）根据客户需求的变化设立新的机构。

（2）缩短与客户的距离。

（3）建立“内部客户”制度。

2. 关注细节

关注细节是对客户的真正关怀。客户服务做得好，你越应该注意到在哪些方面做得还不够，哪些地方可能出错。从客户的角度来说，现在的客户越来越挑剔了，在一年前还是很正常的事，现在却嗤之以鼻了。如果你 99 件事做得让他们满意，但只要做错了一件事，他们就会记住那件做错了的事。

关注细节会给企业带来回报，所以关注细节一定要追求完美。用一句时髦的话说“细节决定成败”。如果一个员工 99%的时间是可靠的，那么他的服务 99%是可靠的；如果 3 人一组，则可靠性只有 97%；如果是一个几千人、几万人的企业呢？服务的可靠性是递减的。这一规律称为“客户满意度递减原理”。递减的比率到了一定的界限，客户满意度下降，企业利润下降。

3. 让客户感动

客户要求的是完美服务，即在他们提出要求之前服务到位。当然这是一种服务理念，在实际中并不易做到。但从客户的角度来看，这是一种需求，任何企业都有必要尽量做到客户满意。完美服务无疑在一定时间内会增加企业成本，但这是一种极有远见的投入，它所带来的收益是十分巨大的。

在客户提出要求之前服务到位，实质上是从客户的角度增加客户价值的过程，它不仅仅是对客户的承诺，而是对客户真正的关心，只要你做到了，客户就会感动。

让客户感动的理念是驱动企业服务创新的动力。企业在推出新产品或服务时，须明确客户心理并进行理性分析，并不是所有的客户都会积极、热心，不少的客户对你的创造性会有如下表现：

（1）冷漠，因为他们从没想到或用过。

（2）缺乏责任感，把好话送给企业服务人员，把真实想法留给自己。

（3）把对其他服务的不满发泄在你身上，让你丧失信心。

当然，为了给客户提供完美的服务，投入是必要的，但回报令人高兴。例如，美国最大的货车企业 SNI 被许多托运人看作是参与定制化合伙安排中的一位主要候选人。它为了给客户提供完美服务，投入巨资建造了最先进的卫星跟踪系统，它还在该系统上投资数百万美元，使其与客户的联系更加紧密，并使其员工有更多的时间投入到持续的改进中去，从而使 SNI、托运人和驾驶员能够保持实时的双向通信。

该项服务为客户带来了巨大的利益。由于收到的信息更加精确、快速，托运人现在更有能力控制运输中的存货以及服务需求中发生的变化，便于托运人及时、迅速改变运输过程中的装运地和目的地；实时的资料快速存取和递送交付提高了预测水平，而且还能够快速地识别潜在的问题，使故障的完美恢复成为可能。

该项服务也为 SNI 公司带来了巨大的利益。它节约了大量通信费用，提高了调度效率，解放了经理层，使之有时间和精力加强与客户的沟通、联系，而不是调度驾驶员。更重要的是它凭借完美的服务承诺使自己成为了承运人的领袖，从而为 SNI 创造了其他公司无法与之匹敌的核心竞争力。

4. 聘用客户喜欢的服务人员

服务人员是客户服务非常重要的因素。企业在招聘服务人员时常见的误区是只招聘自己喜欢的人。其实，企业最应该招聘的应是客户喜欢的人，因为服务人员与客户打交道时，他所代表的是企业的形象和承诺。如果他们恶待客户就会造成企业形象下降，导致客户变心。因此，企业应该采用各种办法来找出客户喜欢的人，并且让他们来为客户服务。

聘用客户喜欢的服务人员的关键是要从招聘程序的上游进行控制，即性向测试，但这个测试不对普通的服务人员。该测试从性情、品格和经验等方面把握服务部门经理的特质，从而使他们能按照公司部署为客户服务。服务人员及经理必须具有很好的主动性。

在招聘的程序上，有两条平行的路：一条是根据内部部门的需求反馈进行招聘，每个职位的申请都要填写非常正式的申请单，对职位的要求进行严格和详尽的描述；另一条是每半年在几个大城市定期进行招聘，以补充新鲜血液。

招聘到合适的人后，也并不意味着他马上就能在服务岗位上为客户服务。企业应站在长远的角度来对他们进行培训，直到他们成为企业形象的一部分，成为客户信赖的品牌。

5. 与客户有意接触并发现他们的需求

应当制定详细的计划有意和客户多接触，应当把与客户的接触看作是一种心与心的交流。通过相互的交流建立起一种合作伙伴式的“双赢”关系。同时，这也是一个双方企业文化交融的过程。通过这种接触可以了解客户当前的需求，以便于制定更有针对性的措施，更好地为客户服务。也许仅仅是客户在不经意间说出的一些建议和需求，就会刺激企业发现新的商机。与客户的主动接触方式很多，一般的措施有以下几种：

（1）主动发函给客户，询问客户的需求和意见。

（2）定期派专人访问客户。

（3）时常召开客户见面会或联谊会等。

（4）将企业新开发的产品和发展目标及时告知客户。

（5）把握每一次与客户接触的机会，在一点一滴中赢得客户的心。

6. 满足客户需要

不折不扣地满足客户需要是客户管理的宗旨，是企业竞争的主要手段之一。不折不扣地满足客户需要是客户服务策略的关键，是企业经营的基础。只要有了这种准备，才能做到品种齐全、价格低廉、微笑服务、包退包换。除此之外，做到敏捷、畅达的物流是实现其经营理念的重要措施。

7. 补救并创造声誉

大多数客户的抱怨并非指向产品和服务的质量，而往往是企业忽视的小问题。客户能够用双眼观察的质量比产品和服务的基本质量还重要。其实，任何一个企业都不可能没有客户的抱怨，客户抱怨事实上只是一种反馈信息的方式，这并不一定是坏事。一个奇怪的现象是，客户投诉的问题一旦得到妥善解决后，客户反而更容易和公司建立起一种牢固的关系，这种关系比什么问题都不发生时还要牢固得多。当然也有负面效果，如果不及时而有效地解决这些问题将失去这位客户，如图 4—2 所示。

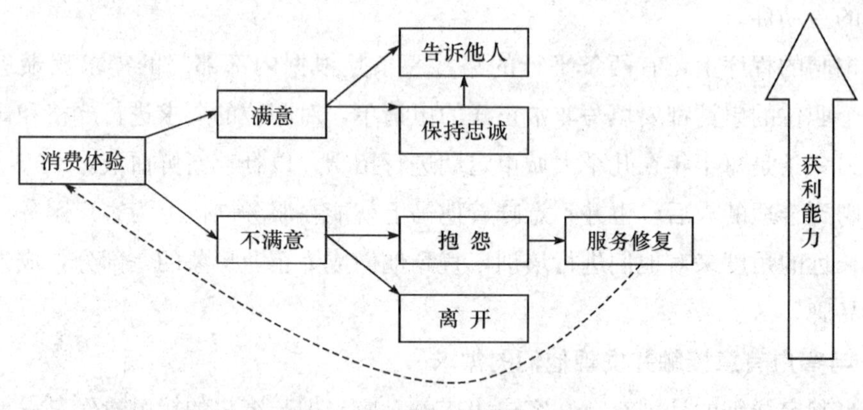

图 4—2　改正错误的力量

对客户价值的认识越清晰，管理者和一线员工才越有可能严肃地对待客户服务和抱怨处理。需要从两个角度来考虑客户价值：一是对公司总体利益的影响，一是单个客户的终身价值。一旦出现客户问题必须迅速补救。遇到的情况不同，补救策略也各不相同，基本原则如下：

（1）真诚的道歉。

真诚的道歉可以赢得客户的理解或谅解，但仅有道歉还不够，须采取进一步的措施。

（2）迅速纠正错误。

一旦发现服务失误，客服人员必须在失误发生的同时迅速解决失误。否则，没有得到妥善处理的服务失误会很快扩大升级。在某些情形下，还需要客服人员对可能会出现的问题有预见性，并及时采取预防措施。

（3）授予一线客服人员解决问题的权力。

一线客服人员需要掌握服务补救的技巧并具备随机应变的能力，包括认真倾听客户抱怨，确定解决办法，灵活变通等。客服人员必须被授予使用补救技巧的有限权力，以便在一定的允许范围内，用于解决各种意外情况。一线客服人员不应因采取补救行动而受到处罚。相反，企业应鼓励客服人员大胆使用服务补救的权力。

(4) 确保客服人员都知道如何处理这类事件。

(5) 防止将来再出错。

服务补救不只是弥补服务裂缝，增强与客户联系的良机，它还是一种极有价值，能够帮助企业提高服务质量的信息资源。通过对服务补救整个过程的跟踪，管理者可以发现服务系统中一系列亟待解决的问题，并及时修正服务系统中的某个环节，进而使“服务补救”现象不再发生。

总之，服务补救是对服务失败进行的一种弥补措施，它通过对客户真诚道歉，并给予客户相应的补偿等措施，最终赢得即将失去和正在失去的客户，为企业挽回重大的损失。

【案例 4—3】 联想客户满意度分析

联想集团成立于 1984 年，由中科院计算所投资 20 万元、共 11 名科技人员创办，经过 11 年的发展，到今天联想已经发展成为一家在信息产业内多元化发展的大型企业集团。2005 年秋天成功收购了 IBM 的 PC 业务后，联想拓展了它的海外业务。面向新世纪，联想将自身的使命概括为“四为”，其中第一项就是为客户创造价值，即联想将提供信息技术、工具和服务，使人们的生活和工作更加简便、高效、丰富多彩。

事实上，早在 1989 年，联想就提出了客户满意度分析的概念，其目的是对客户重购率和品牌忠诚度等指标进行量化评价，以获取相关的信息为企业决策提供支持，作出最佳决策。

SAPA 法，即按照满意度调查（Survey）、结果分析（Analysis）、调整完善（Promote）、实施改进（Action）四个步骤去进行客户满意度分析的方法。联想的客户满意度分析就是按照 SAPA 法进行的。下面，介绍联想是如何运用 SAPA 法进行客户满意度调查和分析的。

1. 客户满意度调查方法

• 定期的第三方调查。

此类客户满意度调查是由中立的、第三方调研公司进行的，如针对某段时间内接受过联想服务的终端客户进行满意度抽样调查。调查内容涉及总体满意度、总体不足、对服务中各项因素（如接通及时性、工作态度、服务规范性等）的重要性评价和满意度评价等。第三方满意度调查较公正、全面，可以从宏观上了解服务中心的运作质量，保证终端客户的满意。同时，通过调研结果的分析也可以发现一些在流程、规范中的不足，调整、完善这些流程、规范并跟进实施是每次调研后的工作。

• 呼叫中心的及时通话后调查。定期的第三方调查虽然很系统、全面，但却无法保证及时性，所以联想确立了呼叫中心的及时通话后调查。

对于客户拨入呼叫中心后所产生感觉的测试不应等到几天或几星期后，而应该在通话后立即完成，只有这样才能捕捉到客户那一时刻的真实感受。联想呼叫中心据此设立了通话后 IVR 语音调查，每一个咨询电话结束后，用户都可以通过语音选择评判此次咨询的满意程度，客户的这些选择都将被记录在数据库中。通过这种及时通话后调查，联想能够及时发现一些共性或流程层次的问题，所有这些问题都会责任到人地落实改进。同时，针对所有客户选择不满的电话，都会由更高一级的咨询人员很快进行回复，了解客户不满的原因，并为客户及时解决问题。

2. 客户满意度调查后分析客户满意度各因素的权重

联想在通过调查后通常会这样分析：在以下四大分类项中，客户服务满意度每增加 10 个点数，对总体满意度的促进是怎样的。表 4—7 就是联想调查后确定的影响客户满意度因素的权重表。

表 4—7　　　影响客户满意度因素的权重表

下列分项每增进 10%	总体客户满意度的相应增长比例
客户服务失误响应	4.6%
形象、美誉度	4.2%
产品质量与可靠性	3.1%
性能价格比	0.6%

很明显，这项研究结果建议企业要提升客户满意度首先要解决的是客户服务问题，产品降价不会对客户满意度有太大影响。

3. 确立满意度分析正确性检验机制

满意度分析总结后，联想还确立了检验机制，以检验分析的正确性。聘请专家解读、分析满意度调查报告以及呼叫中心的及时调查检验就是两个常用的分析评判机制。

第 2 节　客户服务偏差纠正和预防

学习目标

- ➢掌握标准化和优质服务标准化的概念、分类
- ➢掌握客户抱怨和预防投诉的处理方式和手段
- ➢掌握沟通存在的障碍和有效沟通的方法
- ➢熟悉制定优质服务标准时避免的误区
- ➢熟悉建立投诉处理系统的主要内容和程序

服务质量管理在提高企业服务水平、降低成本、提高核心竞争力等方面具有重要作用。目前在企业的服务质量管理中还存在着许多企业难以控制的因素，服务质量与客户期望有偏差。

所以，企业必须加强对员工的质量观念培养，注重服务质量培训教育，鼓励员工开展有创造性的服务，并建立完善的服务补救机制，不断提高服务质量与竞争力。

一、标准化及优质服务的概念

1. 标准化的概念

为在一定的范围内获得最佳秩序，对实际的或潜在的问题制定共同的和重复使用的规则的活动，称为标准化。它包括制定、发布及实施标准的过程。标准化的重要意义是改进产品、过程和服务的适用性，防止贸易壁垒，促进技术合作。“通过制定、发布和实施标准，达到统一”是标准化的实质。“获得最佳秩序和社会效益”则是标准化的目的。

标准化的基本原理通常是指统一原理、简化原理、协调原理。

（1）统一原理

统一原理是指为了保证事物发展所必需的秩序和效率，对事物的形成、功能或其他特性，确定适合于一定时期和一定条件的一致规范，并使这种一致规范与被取代的对象在功能上达到等效。

（2）简化原理

简化原理是指为了经济有效地满足需要，对标准化对象的结构、形式、规格或其他性能进行筛选提炼，剔除其中多余的、低效能的、可替换的环节，精炼并确定出满足全面需要所必要的高效能的环节，保持整体构成精简合理，使之功能效率最高。

（3）协调原理

协调原理是指为了使标准的整体功能达到最佳并产生实际效果，必须通过有效的方式协调好系统内外相关因素之间关系，确定为建立和保持相互一致，适应或平衡关系所必须具备的条件。

2. 服务标准化的概念

通过对服务标准的制定和实施，以及对标准化原则和方法的运用，以达到服务质量目标化、服务方法规范化、服务过程程序化，从而获得优质服务的过程，称为服务标准化。应当指出的是，服务质量目标化、服务方法规范化和服务过程程序化三者是不可分割的整体，由它们共同实现服务标准化的功能。

服务的标准化可以从不同的角度和侧面细化进行，现从以下两个方面进行讨论：一是服务流程层面，即服务的递送系统，向客户提供满足其需求的各个有序服务步骤，服务流程标准。服务流程标准的建立，要求对适合这种流程服务标准的目标客户提供相同步骤的服务。二是提供的具体服务层面，即在各个服务环节中人性的一面，在一项服务接触或“真实的瞬间”中，服务人员所展现出来的仪表、语言、态度和行为等。

3. 优质服务的概念

优质服务，指在符合行业标准或部门规章等通例的前提下，所提供的服务能够满足服务对象的合理需求和适当期许值，保证一定的满意度。优质服务是从消费者、客服、办事群众的利益诉求出发，完善服务理念、提高服务质量、规范服务操作、科学简化服务流程，力求实现合规、高效、人性化。一般来说，好的服务体验以及合乎法规与准则要求的办理结果，是判断服务质量优质与否的主要参考项。优质服务不但体现在业务经办的操作上，也体现在对消费者、客户、办事群众的沟通态度上，即能够尊重影响服务对象主观感受的因素，如性别性格、社会地位、教育背景、身份职业、文化习俗等。

优质服务可以根据服务体验与要求的差别，由低到高进一步细分为满意度服务、舒适度服务、惬意度服务。不同层级的服务，对服务的要求不同。该分类法由顾正仪最早于 2005 年明确划分并予以归纳定义，其中，满意度服务一般是要求能够满足服务对象提出的要求；舒适度是在满足服务对象要求的基础上，从多方面使服务更臻完善；惬意度则是从服务对象的角度和利益出发，既满足客户的服务需求，也能够周到细致地考虑到客户所未考虑到的现在时需求和将来时需求，并预见性地提供相应的服务。

优质服务竞争和产品设计、产品质量的竞争一样，是市场经济环境下商业竞争，尤其是服务行业竞争的主要领域和手段。随着我国第三产业的发展壮大和政府职能从管理型向服务型转化，优质服务不仅限于企业、社会团体、民间组织等非权力机构组织，也成为包括党政机关、事业单位在内的各行各业的各项考核考评的重要指标和参考依据，因而具有越来越重要的价值和意义。

二、优质服务标准的要素

优质服务标准包括人员、硬件和软件三大要素，共同构成服务金三角。

1. 人员要素

服务在于人，人是服务的提供者和实现者，人是第一要素，也是关键要素。但人是有感觉、有意识的主体，具有变动性。由于客户服务中具有的这一人性面，所以，人的服务意识和服务精神很难被竞争对手抄袭和赶超。

在服务中，人性面体现在 7 个关键领域：仪表——给客户赏心悦目的视觉感受；态度、身体和语调——给客户真诚友善的感受；关注——给客户满足需求的服务；得体——给客户礼貌亲切的感受；指导——使客户体验到专业的服务；销售技巧——通过熟练的专业技能促进销售增长；礼貌地解决问题——跨越沟通障碍使客户满意而去。

2. 硬件要素

所谓硬件，是指服务发生的物理环境的各个方面，服务提供者与客户的相互活动都在其内部进行。客户在与企业接触前，他的第一印象皆由服务的硬件所形成，可以说硬件为客户的整个服务体验设定了基调。

硬件的 3 个关键领域包括：服务地点——关乎客户是否满意问题；服务设施——关乎所提供的服务质量好环和服务能力的大小问题；视觉空间——关乎客户“第一印象”的问题。

3. 软件要素

软件是指服务发生的程序性和系统性。它涉及服务的递送系统，涵盖了服务工作过程中的所有程序，提供了满足客户需要的各种机制和途径。

软件的 7 个关键领域包括时间、流畅性、弹性、预见性、沟通渠道、客户反馈以及组织和监管。

三、优质服务标准化的分类

1. 服务流程标准化

服务流程标准化着眼于整体的服务，采用系统的方法，通过改善整个服务体系内的分工和合作方式，优化整个服务流程，从而提高服务的效率，寻求服务质量的保证。

客户在接受服务的过程中，一方面希望获得专业化的服务，一方面也希望得到极大的便利，减少等候的时间、方便结算。所以，在进行服务流程标准的设计过程中，要以向客户提供便利为原则，而不是为了公司内部实施方便。例如，病人到医院看病，要经历排队挂号、排队就诊、排队付款、取药四个环节。即便是每个环节的服务人员都工作得非常出色，也很难让病人满意。患者身体本来就已经很不舒服了，还要忍受这一系列烦琐的事情，即使由其他人代替，这也不是一个让人愉悦的过程。从某种程度上来讲，其流程还有待于进一步优化，以最大的可能来满足客户的便利。

2. 提供服务标准化

服务通常是生产与消费同步进行的，美容店的服务在没有出售前是不能提供出来的，服务在生产的时候同时被消费。这种同步性也意味着较高的客户参与度，服务的质量与客户满意度将在很大程度上依赖于“真实瞬间”的情况，如果能在这些“接触瞬间”提炼出可以标准化的部分，对企业本身而言无疑是一大挑战，同时也会成为服务的亮点。“接触点”的服务标准化，主要体现为服务人员的仪表、语言、态度和行为标准等，下面重点讨论一下员工的语言、态度和动作标准化。

（1）服务人员语言标准化

在服务的过程中有效沟通是特别重要的，如果做不到这一点，即使世界上最有效的服务思想也会失去作用。这当然需要很多服务技巧，例如服务人员要学会倾听、学会沉默，不仅要注重语言交流，还要注重非语言交流，但其中适当的语言表达是非常关键的。服务人员语言标准，首先应该包括一些基本的礼貌语言标准，例如客人来了要说“欢迎光临”；客人离店要讲“祝您愉快”或“欢迎您再次光临”；客人讲“谢谢”时，要答“不用谢”等。

（2）服务人员动作标准化

对时间动作进行研究最早是由泰勒提出的，为人们工作的每一个构成环节制定一种科学方法，以代替原有的只凭经验的工作方式，试图确定完成每项工作的最佳方式。通过对时间的研究及观察工人工作时的动作，确定完成工作过程中每一个环节所需消耗的时间，仔细观察每项特殊工作中可以测量的方面，得以发现工人具体在做什么，以及如何做。对劳动者在劳动过程中的各种动作进行分析，取消无用的多余动作，使剩余的动作都成为必要的良好的标准动作，通过这种科学的研究来提高工作效率和工作质量。

动作研究专家美国工程师 F. B. 吉尔布雷斯（Frank Bunker Gnlbreth）夫妇著名的“砌砖研究”发现，在工作中工人们砌砖的动作各不相同，速度也有快有慢。他仔细观察砌砖工在工作中运用的各种动作模式，探索究竟哪一种动作模式是最好而且效率最高的。在此基础上，他联系工人所做的工作和使用的工具，对工人的动作进行了进一步研究，并制定了一种经过改进的工作方法。例如，在砌外层砖时，他把砌每块砖的动作从 18 个减少到 4.5 个；在砌内层砖时，把动作从 18 个减少到 2 个，使每个工人一小时的砌砖数从 120 块增加到 350 块。他还想出了一种堆放砖的方法，使工人不用像往常那样检查砖的哪一面最好。他设计出一种可调整的支架，使得工人不必像往常那样弯腰取砖。他还调制了一种有精确浓度的灰浆，使得砌砖时不必多余地用泥刀涂抹。对砌砖动作进行分析和改进后，使工人的砌砖效率提高了近 200‰。再如：美国 UPS 速递公司管理当局运用了泰勒的科学管理原理的工时研究，对送货司机的送货路线和动作都进行了时间研究。设计出精确的工作程序，其中包括开车门、向收件人递送包裹、记录等一系列细节动作。这虽然看起来有些刻板，但产生了良好的效果，使 UPS 平均每人每天递送包裹达 130 件，而联邦捷运公司平均每人每天只取送 80 件，UPS 的工作效率得到了大幅度的提高。

服务人员与客户的接触过程中，其动作是非常有必要进行规范的，即对服务接触过程中服务人员动作进行标准化。一方面可以实现诸如 UPS 送货司机那样的高效率，更重要的是以客户所期望的动作标准来为其服务，在客户心目中建立一个良好的服务形象，尽可能避免由服务人员的经验动作而带来客户的不满。通过对服务人员工作时动作的观察和分析，将那些会引起客户不满或误解的动作去掉，使剩余的动作都成为必要的良好的客户不会反感的标准动作。例如，在酒店前厅接待要站立服务，两手交叉在体前或交叉在背后，两脚成 V 字形或与肩同宽，身体正直平稳，客户光临时向客户鞠躬或点头问候；引导客户入座时向客户指示方向，行进中两眼平视，正对前方，身体保持垂直平稳，无左右摇晃、八字步或罗圈腿，走在客人的右前方或左前方 1.5～2 步远距离处，身体略微侧向客人等，使客人满意度大大提高。

(3) 服务人员态度标准化

服务态度是服务人员对客户的思想情感及其行为举止的综合表现，包括对客户的主动热情程度、敬重和礼貌程度，服务态度是衡量服务质量的一项重要标准和内容。提到服务人员的服务态度，就必须提到沃尔玛的微笑服务。如沃尔玛重庆店在开业时，店内员工胸前都挂着现金，如果不微笑客户可以直接将现金取走。对服务人员态度标准的制定、实施和监督可能不像对语言和动作标准化那么容易可行，但一定要具备统一性、可追溯性和可检验性，这样才能达到服务的统一。

如果旅馆将“服务细致周到”转化为服务员要在客户允许的情况下为其提行李、在客户进房时对房间内客户必需的设备进行介绍、三分钟内为客户打好热水等，这样自然就会体现出其服务细致周到，对服务员所提供的服务是否细致周到也有了判断的依据。

企业在向客户提供服务的过程中，在着眼于服务的整体、采用系统的方法、标准化服务流程的基础上，根据行业特征和提供服务的特性从不同方面进行细节问题的标准化。当然，强调服务的标准化并不排斥个性化的服务，提供服务的企业可以根据内部条件和客户需求进行标准化和个性化的平衡。

四、制定优质服务标准时应避免的误区

在制定客户优质服务标准时应避免如下六个误区：

1. 标准越严越好

制定标准的目的是满足需要，标准越严成本越高。所以，只要是符合客户的期望、切合实际的可操作的标准就是优质服务的标准。

2. 标准要符合“行规”

随着服务行业的竞争加剧，客户对服务的需求会表现为标准化与个性化兼备的特征。随着服务行业不断成熟、规范、完善，用于满足行业应用的客户服务会表现出标准化的特征。与此同时，行业间的差异在各服务领域也会有所体现，即使在同一行业内，企业为不断发展也会在各自的业务领域内持续创新，寻求与其他竞争对手的差异，这些又表现为服务个性化。“标准化”与“个性化”，字面上的抵触其实体现的是服务从量变到质变的过程，目前已经成为新一轮客户竞争的焦点所在。记住，没有特色的标准等于没有标准。

3. 以平均数为目标

良好的客户服务要素之一是服务效率，服务效率主要是指提供客户服务时的速度与及时性。所以，时间上不能模糊和有弹性，解决的方法是定出绝对的标准，并

且要百分之百达到标准。例如，规定所有订单都要在接到后 3 天内从工厂发出，而且只要未能达到这个标准，就立刻采取紧急措施。

4. 标准没必要让客户知道

很多公司制定出标准之后就束之高阁，或者只是在内部员工的范围公布，这又是一个误区。其实，标准要得到执行就少不了监督，而最好的监督来自于客户。

5. 标准越细致越好

服务规范的目的在于企业在向客户提供服务时，必须尽量为服务人员提供统一、科学、全面、规范、符合情理的服务行为标准。客户服务的目的在于维持良好的客户关系，而企业和企业服务人员科学、规范、合理的服务，有利于服务人员提高服务水平，保证诸多客户服务活动的质量，达成企业客户服务活动的根本目的。所以，标准并不是越细致越好，其实万变不离其宗，那就是以客户为中心，满足客户的需求。

6. 为了“标准”而标准

客户服务要适当，服务的“适当性”主要体现在两方面：一方面是客户服务内容和形式的适当性，即服务内容和方式方法的适当性；另一方面是指客户服务量与质上的适度性。因为企业提供任何客户服务都是有服务成本的，过高或过低的客户服务水平都不是企业明智的行为。因为任何企业为商业利益而活着，学雷锋或不提供任何服务都无助于维护企业长期商业利益。标准要为经营服务，标准必须是现实的、可预测的，为了“标准”而标准，是在制定服务标准时的又一误区。它会让人迷失制定标准的初衷，忘记制定标准的目的，甚至会因此而遭到惨重的损失。

五、客户服务投诉系统

任何企业在客户服务的过程当中，总是无法避免地要遇到一些客户抱怨和投诉的事件。应该欢迎并鼓励客户在不满时提出投诉。企业鼓励客户发泄不满，并为他们提供投诉的渠道，对企业来讲有百利而无一害。客户对投诉寄予了“希望”。投诉对客户来说也是有成本的，并且在当今琳琅满目的商品市场中，客户有许多选择，尽管如此，客户还不辞辛苦向企业投诉，反映了客户对企业的重视。只要妥善处理好客户投诉，并重新使客户满意，企业反而能增强客户的忠诚度。

客户投诉促进了企业“发展”。挑剔的客户是企业最好的老师，客户抱怨是送给企业最好的礼物，它帮助企业找到问题，完善了产品并提升了管理，使企业得到不断的成长和进步。

客户投诉中隐藏了“商机”。在IBM公司，40%的技术发明与创造，都是来自客户的意见和建议。从客户投诉中挖掘出“商机”，寻找市场新的“买点”。客户投诉一方面可以帮助企业发现目前尚未发展的问题，获得有价值信息；另一方面可以帮助企业提高服务质量。因此，客户投诉可以变“废”为“宝”，从中挖掘出金子，对企业来说，客户投诉本身就是一种不可多得的“资源”。

1. 客户投诉类型

投诉的类型根据不同的分类方法，有不同的类型。一是按投诉的方式划分，二是按投诉的原因进行划分。

（1）按投诉方式分类

客户投诉通常有电话投诉、信函投诉和现场投诉以及电子邮件和短信投诉等。

1）电话投诉。客户会直接拨打公司的服务热线或投诉热线，表达自己的愤怒。由于双方看不清彼此的表情、动作，因此，很容易给投诉处理制造障碍。针对电话投诉，需要做到的基本工作包括从电话中确切了解事件的基本信息；利用规范的声音及语气体现对客户不满情绪的支持；如有可能，把电话内容录音存档，特别是涉及特殊纠纷的投诉事件。

2）信函投诉。有些客户会选择信函投诉的方式。由于写信是一个较长时间才能完成的事情，因此，客户会以一种经过深思的方式真实地反映整个事件。在收到客户投诉信时，应立即送给相关负责人员；同时通知客户已经收到信函，表现企业诚恳的态度和解决问题的意愿；尽快给出解决方案，并告知客户。

3）现场投诉。部分客户倾向于当面投诉，认为这样可以发泄心中的怒气和把问题说得更清楚。现场投诉给了企业最好的扭转局面的机会，因为客户就在眼前，只要采用了正确的应对方式，客户就会满意而去，而不像上面两种方式，存在诸多的问题。在处理现场投诉时要注意将客户请到远离人群的地方，以免影响到其他客户；不能中途不告知就离开位置，让客户等候；按照公司规定处理客户的投诉；不能立即解决的应该给出处理的期限；谨慎使用各种应对语，避免再次触怒客户；对再次光临的提出过投诉的客户，应该予以更好的招待等。

4）电子邮件或者短信投诉。网络带来了很多的投诉便利，一些企业专门建立一个处理客户投诉的邮箱和短信平台，大大节省了企业和投诉客户的成本，企业也能比较方便地提取信息，从而解决问题。

（2）按投诉原因分类

1）因产品质量投诉

因这种原因投诉的客户占了所有投诉原因中的大多数。尽管客户能够理解产品不可能完美无缺，或者满足每一个人的需求，但是他们还是会因为这个原因表示不满。对于因质量问题给客户造成影响的，应该真诚地向客户道歉，更换新产品，或者再给予一定的经济补偿。

2）因介绍不清导致的投诉

客户买了并不是自己想要的产品或者买的产品不清楚怎么使用，可能也会投诉。这就要求服务人员在向客户介绍的时候，一定要清楚客户的真正需求，不要被表面现象所迷惑。同时，确认客户已经理解产品的使用方法。

3）因客户原因产生的投诉

由于客户对产品的不理解和理解错误，也可能产生抱怨。这时，服务人员要委婉地告诉客户，让客户知道事情的本来面目。但是要注意，不要太直接，好像在说客户是一个“笨蛋”一样。

4）因服务人员服务不当引发的投诉

服务工作是一项很艰苦的工作，有些需要长时间的站立、为客户微笑和鞠躬、应对各种各样脾气的人等，因此，有时服务人员会因为过度疲劳而不能坚守服务准则，导致客户不满。这就需要企业认识到服务人员的压力现状，提供良好的福利待遇，关心他们的需求。但这不代表与客户发生冲突就是可以原谅的事情，如果的确是服务人员太过分了，一定要严肃处理。

对于客户投诉的处理，相当多的企业，总是以为利用一些处理技巧让当时的投诉客户消气就行了。比如，某电信呼叫中心对话务代表（Call Service Representative，CSR）的服务质量从业务技巧、服务态度、用语规范、操作处理四个指标进行考核。其中包括 CSR 要礼貌用语，让声音保持热情和友好，倾听客户的陈述，做好详细的记录，不要打断客户，对客户表示同情但不失原则等较细的指标。笔者在研究中发现，一些 CSR 在接待客户投诉时，的确认真地回答了客户的疑问，态度也很“热情”，可是一旦放下电话就数落投诉客户的无知。接受投诉的 CSR 也未能把问题反映到上级领导，甚至有些客服代表利用一大堆专有的服务术语等“忽悠”无知的消费者，投诉者只知道自己吃亏却不知该怎么办，只好忍气吞声，但不会再次接受同一公司的产品了。令人遗憾的是，这种情况在很多公司都或多或少存在。客户初来投诉一般会有一些比较过激的语言，进行态度热情和耐心的安抚是很有必要的，然而如果把这种技巧当作解决类似投诉问题的方法进行推广和掩盖问题的进一步发生未免目光狭窄。企业必须真正认识客户的价值，在价值的驱动下，为这种价值的获得提供更好的服务。

2. 客户投诉系统的管理

投诉处理是投诉管理的核心，是鼓励客户忠诚消费的行动。投诉处理可以减少客户“剧变”并挽救那些濒临破裂的客户关系。建立投诉处理系统有助于企业经营管理工作的改建，减少投诉，提高服务质量。企业对客户投诉处理进行系统管理。

(1) 为客户投诉提供便利条件

1) 制定明确的产品和服务标准及补偿措施。企业通过制定产品和服务标准，可以使客户明确自己购买的产品、接受的服务是否符合标准，是否可以投诉以及投诉后所得到的补偿。企业执行上述标准的过程中，还能在客户投诉之前对产品和服务的缺陷采取相应补偿措施。

2) 引导客户怎样投诉。企业应在有关宣传资料上详细说明客户投诉的方法。它包括投诉的步骤、向谁投诉、如何提出意见和要求等，以鼓励和引导客户向企业投诉。

3) 方便客户投诉。企业应尽可能降低客户投诉的成本，减少其花在投诉上的时间、精力、货币与心理成本，使客户的投诉变得容易、方便和简捷，投诉系统不能向客户要求过多的文件证据和额外的努力。公司还要了解客户更乐意用什么方式投诉，是邮寄、电话、电子邮件、传真还是面对面投诉，然后提供给客户乐于接受的投诉渠道，告知客户投诉的程序，更方便客户投诉。

(2) 全力解决客户投诉问题

全力解决客户投诉的关键是要建立起灵活处理客户投诉的机制。

1) 制定和发展员工的雇用标准和培训计划。这些标准和培训计划充分考虑了雇员在碰到公司服务或产品使客户不满意时应试做的善后工作。

2) 制定善后工作的指导方针。目标是达到客户公平和客户满意。

3) 去除那些使客户投诉不方便的障碍，降低客户投诉的成本，建立有效的反应机制。包括授权给一线员工，使他们有权对公司有瑕疵的产品和服务向客户做出补偿。

4) 维系客户和产品数据库，包括完备的客户投诉详细记录系统。这样公司可以及时传送给解决此问题所涉及的每一个员工，分析客户投诉的类型和缘由并且相应地调整公司的政策。

图 4—3 所示为客户投诉处理的一般流程。

(3) 掌握处理投诉技巧

1) 安抚和道歉——不管客户的心情如何不好，不管客户在投诉时的态度如何，也不管是谁的过错，要做的第一件事就应该是平息客户的情绪，缓解他们的不快，

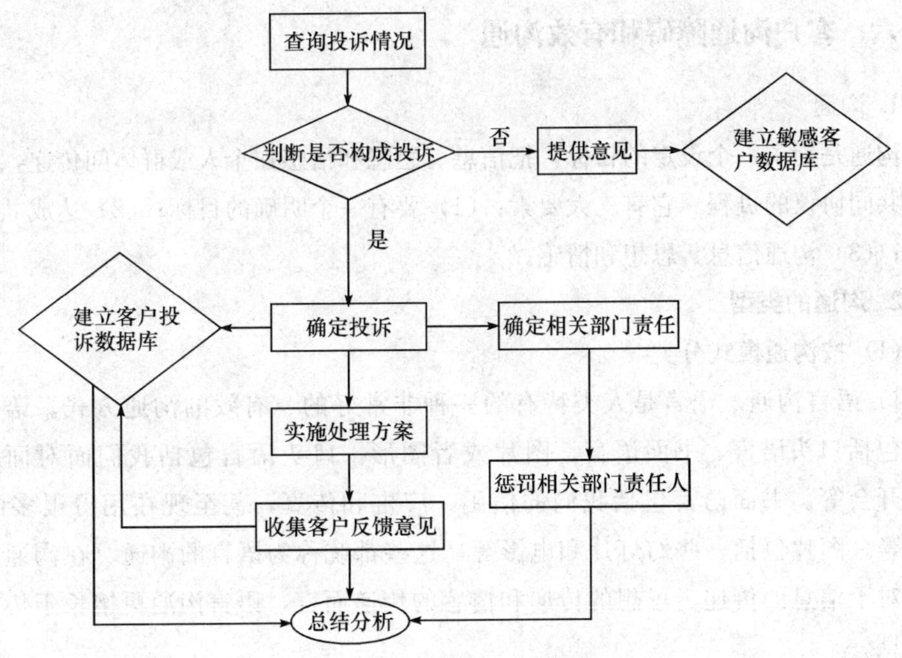

图 4—3　客户投诉处理流程图

并向客户表示歉意，还得告诉他们，公司将完全负责处理客户的投诉。

2）快速反应——用自己的话把客户的抱怨复述一遍，确信你已经理解了客户抱怨之所在，而且对此已与客户达成一致。如果可能，请告诉客户你愿想尽一切办法来解决他们提出的问题。

3）移情——当与客户的交流达到一定境界时，会自然而然理解他们提出的问题，并且会欣赏他们的处事方式。应当强调，他们的问题引起了你的注意，并给了改正这一问题的机会，对此感到很高兴。

4）补偿——对投诉客户进行必要的且合适的补偿，包括心理补偿和物质补偿。心理补偿是指服务人员承认确实存在着问题也确实造成了伤害，并道歉。物质补偿是指一种“让我们现在就做些实际的事情解决这个问题”的承诺，如经济赔偿，调换产品或对产品进行修理等。尽己所能满足客户。在解决了客户的抱怨后，你还可以送给客户一些其他东西，比如优惠券、免费礼物，或同意他或她廉价购买其他物品。

5）跟踪——客户离开前，看客户是否已经满足，然后，在解决了投诉那一周内，打电话或写封信给他们，了解他们是否依然满意。可以在信中夹入优惠券。一定要与客户保持联系，使投诉转化为销售业绩，客户投诉得到了令人满意的解决之时，就是销售的最佳时机。

六、客户沟通障碍和有效沟通

1. 沟通

沟通是为了一个设定的目标，把信息、思想和情感在个人或群体间传递，并且达成共同协议的过程。它有三大要素：（1）要有一个明确的目标；（2）达成共同的协议；（3）沟通信息、思想和情感。

2. 沟通的类型

（1）按沟通模式分类

1）语言沟通。语言是人类特有的一种非常好的、有效的沟通方式。语言的沟通包括口头语言、书面语言、图片或者图形。口头语言包括我们面对面的谈话、开会等。书面语言包括我们的信函、广告和传真，甚至现在用得很多的 E-mail 等。图片包括一些幻灯片和电影等，这些都统称为语言的沟通。在沟通过程中，对于信息的传递、思想的传递和情感的传递而言，语言沟通更擅长于传递的是信息。

2）肢体语言的沟通。肢体语言内容非常丰富，包括我们的动作、表情、眼神。实际上，在我们的声音里也包含着非常丰富的肢体语言。我们在说每一句话的时候，用什么样的音色去说，用什么样的抑扬顿挫去说等，这都是肢体语言的一部分。我们说沟通的模式有语言和肢体语言这两种，语言更擅长传递的是信息，肢体语言更善于传递的是人与人之间的思想和情感。

（2）按沟通结构分类

沟通的基本结构包括信息、反馈、通道三个方面，缺少任何一方都完不成沟通。沟通按具体结构划分可分为非正式沟通网络与正式沟通网络两种。通过对“小道消息”的研究发现，非正式沟通网络主要有集束式、流言式、偶然式等典型形式；正式沟通网络有链式、轮式、全通道式、Y 式等形式。

3. 有效沟通的障碍

影响客户有效沟通的障碍包括下列因素：

（1）地位影响

当某人在管理层中的地位大大高于另外一些人时，便会产生地位影响。

（2）语言问题

语言不同是人们相互之间难以沟通的原因之一。同时，即使双方使用的是同一语言，有时也会因一词多义或双方理解力的不同而产生误解。

（3）感觉失真

由于自我概念、自我理解不够完善，或是对他人的理解不够充分，都可能产生感觉失真。

（4）文化差异

文化差异影响到组织内部各个部门之间的人际交流。不同国家、地区之间文化的差异更是影响着人们之间的沟通和交流。

（5）环境混乱

环境混乱可造成噪声，如在机器轰鸣的厂房说话、在汽车行驶途中谈问题、在来回走动的情况下交流等，都会影响有效的沟通。

（6）信息选择渠道不当

比如，应该让对方迅速了解情况的，却采用了书面报告的形式，需要了解详细情况的，却用一张图片传递内容，这就属于渠道不当。

（7）无反馈

在双方交流中，如果没有反馈，则对方不知道你是否理解了对方的意图或信息，造成双方信息的不对称，这也是沟通障碍的突出表现。

4. 有效沟通的原则

所谓有效的沟通，是通过听、说、读、写等思维的载体，通过演讲、会见、对话、讨论、信件等方式准确、恰当地表达出来，以促使对方接受。有效沟通应坚持以下三个原则：

（1）有效果沟通

强调沟通的目标明确性。通过交流，沟通双方就某个问题可以达到共同认识的目的。

（2）有效率沟通

强调沟通的时间概念。沟通的时间要简短，频率要增加，在尽量短的时间内完成沟通的目标。

（3）有笑声沟通

强调人性化作用。沟通要使参与沟通的人员认识到自身的价值。只有心情愉快的沟通才能实现双赢的效果。

至于有效沟通手段问题，应根据实际情况采取不同的方法。在制度方面可以采取有效措施：如定期召开公司例会。在会上各部门负责人进行工作情况通报以使各部门之间相互了解，解决信息不畅通的困扰；更可在会后安排形式不同的小聚（例如晚餐、夜宵等）以使大家相互之间更加畅所欲言，增进感情。

5. 有效沟通的技巧

(1) 从沟通组成看，一般包括三个方面：沟通的内容，即文字；沟通的语调和语速，即声音；沟通中的行为姿态，即肢体语言。这三者的比例为文字占7%，声音占48%，行为姿态占55%。同样的文字，在不同的声音和行为下，表现出的效果是截然不同。所以，有效的沟通应该是更好地融合这三者。

(2) 从心理学角度，沟通中包括意识和潜意识层面，而且意识只占1%，潜意识占99%。有效的沟通必然是在潜意识层面的、有感情的、真诚的沟通。

(3) 沟通中的“身份确认”，针对不同的沟通对象，如上司、同事、下属、朋友、亲人等，即使是相同的沟通内容，也要采取不同的声音和行为姿态。

(4) 沟通中的肯定，即肯定对方的内容，不仅仅说一些敷衍的话，可以重复对方沟通中的关键词，甚至把对方的关键词语经过自己语言的修饰后，回馈给对方。这会让对方觉得他的沟通得到您的认可与肯定。

(5) 沟通中的聆听，聆听不是简单的听就可以了，需要您把对方沟通的内容、意思把握全面，这才能使自己在回馈给对方的内容上，与对方的真实想法一致。

【案例 4—4】 某餐饮集团有限公司客户处理投诉系统

某餐饮集团有限公司在客户投诉处理方面建立了完善的系统，包括客户关系十大戒律；客户投诉的定义；以正确的态度对待投诉；处理客户投诉的五大要点；处理不专业员工导致的投诉；处理极慢的服务速度导致的投诉；处理错误的派餐导致的投诉；处理发怒的客户导致的客户投诉；处理敏感问题导致的客户投诉；投诉处理汇报工作流程；投诉汇总表等。

一、客户关系十大戒律

1. 在餐厅内最重要的人物是客户。所以，在餐厅内严禁任何可能令客户产生反感的言行。

2. 客户并不依你而存，反而你要依赖客户而生存。所以，礼貌待客是你的基本职责。

3. 客户光临不是一种干扰，他们才是你工作的全部。所以，你的每一个决定都要考虑客户。

4. 客户到你的餐厅进餐是你的荣幸。所以，你应该用笑容、用热情来欢迎客户的光临。

5. 客户是生意的一部分，而非无关的事物。所以，任何损害客户的言行，必定对你产生影响。

6. 对待客户的态度应该就像你期望别人对待你的态度一样。所以，你对待客户永远要殷勤有礼，毕恭毕敬。

7. 客户永远是对的。所以，严禁与客户争辩，不可指出客户的不是。

8. 以任何可能的方式满足你的客户。没有最好，只有更好。

9. 对客户礼貌，关注你的客户。

10. 让你的员工如客户期望般干净、整洁。所以，你必须每天换洗制服、烫平制服，以标准的仪容仪表出现在客户面前。

二、客户投诉的定义

客户投诉是指客户将其不愉快的用餐经历告诉楼面员工、管理人员或更高一层的公司高层领导。投诉对公司是一极好机会：一是给你机会使他（她）以后还会光临；二是告诉你什么地方要进行改善。请留意：大部分的投诉者可能通常是公司的熟客。但是有的客户在餐厅用餐有不愉快的经历，但他们不反映出来，他们会告知他们的朋友、家人，导致这些客户的朋友、家人等也不来餐厅就餐，这是企业最不愿意看到的情景。

三、以正确的态度对待投诉

1. 投诉是一正面事件

投诉可以视为加强客户满意及建立客户忠诚度的一个机会。当你对一个客户的投诉予以快速的反应，你将会有 95％的机会挽留这个客户，如果迟缓反应，冷落客户投诉，机会就会降为 35％。对于投诉的客户，如果处理得当，通常都能使他们保持光顾餐厅的次数。有些客户会变得更为忠诚，这对于我们处理客户投诉是一极大的奖励。

2. 投诉是一件礼物

如果你真的关心客户满意，那么你就不会将投诉看成是一种麻烦，而是一件礼物。你不应该与客户比试你的口才和智慧，战而胜之。这样你只会失去客户。

3. 投诉者与非投诉者

客户不满意会有两种表现：一是投诉者，他们愿意将他们的经历与你分享；二是非投诉者，他们不愿意将他们的经历与你分享。

从目前市场状况看，我们相信只有少部分（不超过 50％）的客户会向餐厅投诉。大部分的客户还是属于非投诉者。原因是多方面的：（1）他们觉得餐厅繁忙，还是不打扰他们了；（2）他们不喜欢发生冲突，那会更不愉快；（3）他们认为投诉结果可能不会如其愿，省下这口气吧等。非投诉者不给餐厅机会，这会损害公司的信誉。当他们有不愉快的经历，他们自然会停止再次光顾餐厅，起码一段时间内会是这样。想要发现不给你机会的非投诉者是对你的巨大挑战。你要改善工作技巧，才能有这方面的收获。多些在楼面与客户交谈；学习观察客户，对那些看起来不愉快，表情焦虑的客户多加留意；友善、礼貌地接近他们，询问他们对服务的意见；对那些留下一大堆食物停止进食的客户多加留意，也许会有问题。

4. 流失一个忠诚客户意味着损失多少利润

假设一个客户对餐厅的忠诚度能维持 2 年，每年该客户光顾餐厅 20 次，每次消费平均 100 元，餐厅利润率为 20%。

流失一个忠诚客户就意味着餐厅损失利润

1 年：20×￥100×20%=￥400

2 年：2×￥400=￥800

四、处理客户投诉的五大要点

1. 聆听

记住：客户是我们生意中最重要的人物，所以，当他们与我们分享他的经历时，一定要聆听，而且要站在客户的立场上去思考。注意听，重复某些关键问题，确保明白客户的情况。

2. 永远保持友善和道歉的技巧

处理客户投诉，永远保持友善的态度。任何一个不满意的客户都希望获得对方给予他（她）关注和关心，所以，诚意地表达歉意是非常重要的。但道歉和认错是两回事，和第一时间找借口（行话）来搪塞客户更是两回事。我们必须表现出我们的专业性。

3. 感谢客户意见

你的客户花了时间帮你发现了一些问题，所以，我们一定要感谢客户反映的情况。让他（她）知道，我们会马上加以改善。

4. 解决问题

很多投诉的客户未必执著于过程，而更关心结果——如何解决问题。

所以要马上解决问题。快速地解决问题还可以避免其他客户有同样的经历。

5. 追踪

承诺给客户的行动必须追踪，否则你将失信于客户。

五、对不同类型投诉处理的技巧

（一）处理不专业员工导致的投诉

1. 马上向客户道歉。可以使用以下语句：

“我对于您受到的对待感到万分抱歉”

“我们的客户绝不应该受到这样的对待，我感到万分遗憾”

“我保证我一定会亲自与这个员工好好交谈，无论如何，下次不能再出现这种情况”

“我还是需要再次向您道歉，希望您能接受”

2. 收集事实。过后一定要与员工沟通，了解事情经过。如果在客户和员工中听到的不是同一个版本，再在其他员工中收集事实。

3. 辅导员工。如果事实证明员工确实是以粗鲁、不礼貌或不专业的态度对待客户，你必须对该员工进行辅导，并依照公司政策处理。

如果事实证明是客户的问题，员工没有出错，那应该给员工一个正面回馈。可以使用以下词句：

“我已了解清楚事件的真相，事实上你没有错误的行为，是正确的处理。你有什么看法或问题吗?”

4. 记录在员工表现评估中。

（二）处理发怒的客户

有时客户会发怒，你不能控制客户的行为，但你可以使用以下技巧令客户冷静，然后再令他们满意。

1. 想办法把客户带到另一个离开其他客户的地方，找个能安静交谈的地方，送给客户一杯饮料。

2. 聆听、聆听、聆听。不要打断，让客户充分表达意见。做些记录，也可以询问一些问题来确保所理解的意思，让客户觉得你很投入。

3. 称呼客户姓名。介绍自己，称呼客户姓名，如果客户大声说话或不给机会解释或问问题，你可以先称呼客户姓名再开始讲话。绝大部分人在听到自己的姓名时会特别留意。

4. 投入、让客户觉得你很专业。经理要显示出专业的态度和信心。绝不可以显出厌恶、抵抗的情绪，尊重客户。客户通常不愿听到以下词句：

“你说的是真的?”

“你太认真了吧?”

“不可能，我们不会这样做”

“你在开玩笑”

5. 道歉。说“我很抱歉”，配合肢体语言和表情。可以使用以下词句：

“我非常感谢您告知我们的情况”

“我很理解您的感受”

“我很明白您为什么这么伤感”

“看起来我们真的令您很失望”

6. 使用沟通技巧——节录其意。将客户的投诉用自己的话重新组织，让客户明白你理解他的意思，这种技巧使用的另一个好处是有机会让客户冷静下来。

7. 询问如何解决问题。如果双方都没有一个明确的解决问题的方法，经理可以使用冷静、友善的语调来引导客户进入解决问题的讨论。可以尝试使用以下语句：

“我能做些什么令您满意?”

“您认为做什么会令您重新开心呢?”

“我们能够做些什么才不至于失去您的光顾?”

8. 告诉客户你能做什么。如果客户提出一些明显不合理的要求，无须反驳，也不用作过多的解释，以冷静、友善的语调明确告诉客户，你能做些什么。如：“我很诚挚地邀请您及您的家人挑选一个日子，到我们餐厅做客，给我们机会，做得更好”。

必要时也许你要告诉客户，他（她）的要求你没有办法满足，但不要评论客户的要求是否合理。但更重要的，你要清楚地向客户提出你有什么可以提供给客户。请永远保持冷静、友善的态度。

（1）“政策/规定”。就算要向客户解释原因，也要避免简单的一句“这是公司政策”“这是公司的规定”，通常于事无补。你要耐心地让客户理解你的出发点。

（2）永远不要找借口。“今天我们人手不够”“可能是员工工作不认真”“可能是疏忽大意了”“我们训练没做好”……客户绝不欢迎听到此类“行话”。他们期望的只是快速、友善、准确的服务。

（三）处理敏感问题导致的客户投诉

客户受伤或发病以及食品异物在餐厅内发生属于敏感问题，这类紧急情况只有经理可以处理，必须训练员工在出现这种情况时马上知会经理。

1. 客户受伤或发病

当餐厅出现上述情况时，你能为客户和分店做的最重要的事情是以下两件：

（1）保持镇静。只要你保持镇静，你就能将事情处理得更好。

（2）提供帮助。想一想，这个时候客户最需要什么帮助？例如找个地方坐下来；喝杯水；提供冰袋；帮助拨打120等。小数额的钱银帮助，如几十元的打车费等分店可以代为垫付，但其他大额的费用分店无权支付。

对待昏迷的客户要小心，餐厅经理不要主动去搬动客户，除非现场有医生的指示。谨记：

不要急于讨论责任问题。

不要答应任何要求。

不要签写任何书面承诺。

不要急于解释及找借口。

要给客户一个专业的形象；马上解决问题才是最重要的，谁对谁错留待以后由公司来解决；事件发生中或之后要即时知会你的上司。

2. 食品异物

(1) 如果一个客户投诉食品中有异物，马上通知厨房停止出售同样食品。

(2) 聆听客户反映的情况，仔细查看含有异物的食品，最好能够保留这份食品，写一张收条给客户。将该食品用胶袋包装，注明“禁止使用”，放入冷藏柜内。如果客户拒绝将该食品交与经理，则提醒客户要将该食品安全存放。听取客户的要求。谨记：

不要急于讨论责任问题。

不要答应任何要求，知会你的上司，按你上司的要求去做。

不要签写任何书面承诺。

不要急于解释及找借口。

要给客户一个专业的形象，事件发生中或之后要即时知会你的上司。

投诉处理汇报工作流程

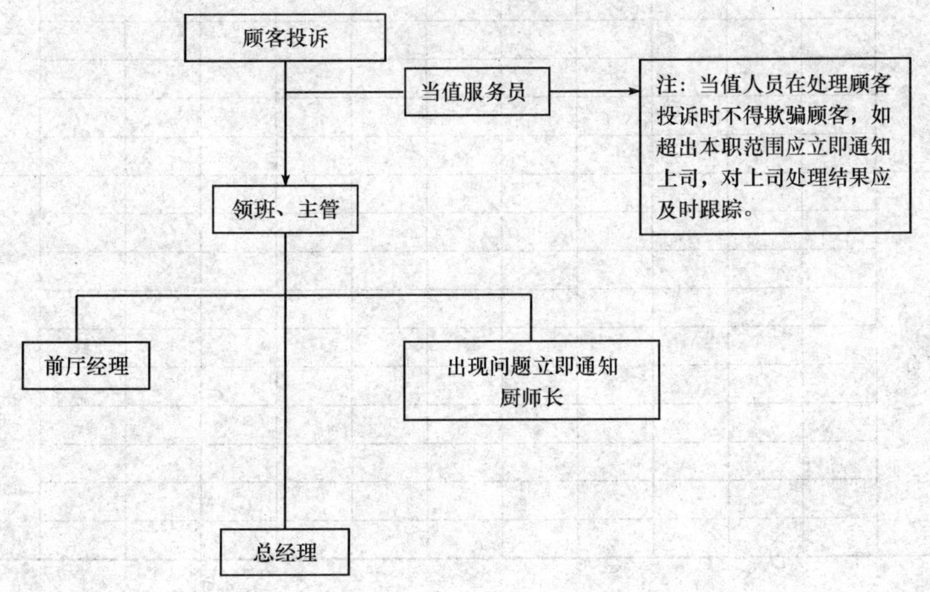

注：在餐厅内发生的客户投诉及以下情况必须及时向总经理汇报：

客户投诉食品变质；客户投诉食品内有异物；客户提出索赔；客户受伤；客户失窃物品；任何当值经理难以解决的投诉。以上情况，无论是否已经妥善解决，均须上报总经理。

月投诉汇总表　　　　年　　月

周期	日期	食品品质	食品口味	食品异物	服务	清洁	洗手间	找赎	失窃	其他	合计	
上旬												
中旬												
下旬												

第 3 节　客户忠诚形成策略

学习目标

➢掌握客户忠诚度的概念

➢了解客户忠诚的价值

➢掌握客户忠诚度的类型和级别

➢熟悉衡量客户忠诚度的指标和提高客户忠诚度的策略

一、客户忠诚度的概念

关于客户忠诚度，许多学者都对其有论述，Gemler 和 Brown（2000 年）将其定义为：客户从一个服务提供商重复购买，对该服务提供商以正面的个人态度来对待，并且当有同样的服务需求时首先考虑这一提供商的程度。Tor Wallin 和 Bodil（1999 年）认为客户忠诚度描述的是与服务或公司相关的有意行为，包括将来重续服务合同的可能性，客户成为常客的可能性，客户提供积极的口碑的可能性以及客户进行反馈的可能性。客户忠诚的量化称为客户忠诚度。如果一个公司的某一客户具有较高的客户忠诚度，就将其称为忠诚的客户。忠诚的客户的行为一般表现为：一是再次或大量购买企业该品牌的产品或服务；二是主动地向亲朋好友和周围人员推荐该品牌的产品或服务；三是几乎没有选择其他品牌产品或服务的念头，能抵制其他品牌的诱惑；四是发现该品牌产品或服务的某些缺陷，能以谅解的心情主动向企业反馈信息，求得解决，而且不影响再次购买。

二、客户忠诚的价值

客户忠诚为公司创造了卓越的价值，客户忠诚为企业利润所做的贡献是通过一系列商业环节逐步实现的，较高的客户忠诚度带来的利益是相当可观的。如果一个公司始终如一地提供高价值的产品和服务，并能够赢得客户忠诚，就会带来一系列的收益，并因此带来长期的竞争优势，如图 4—4 所示。

客户忠诚对于企业竞争力的提高至关重要。美国哈佛商业研究报告指出：多次光顾的客户比初次登门者可为企业多带来20%～85%的利润。Reichheld（1996）的研究表明：如果忠诚客户每增长5%，那么企业利润将增加25%～95%。忠诚客户不但主动重复购买企业的产品和服务，为企业节约了大量的广告宣传费用，还将企业推荐给亲友，成为企业的兼职营销人员，是企业利润的主要来源。

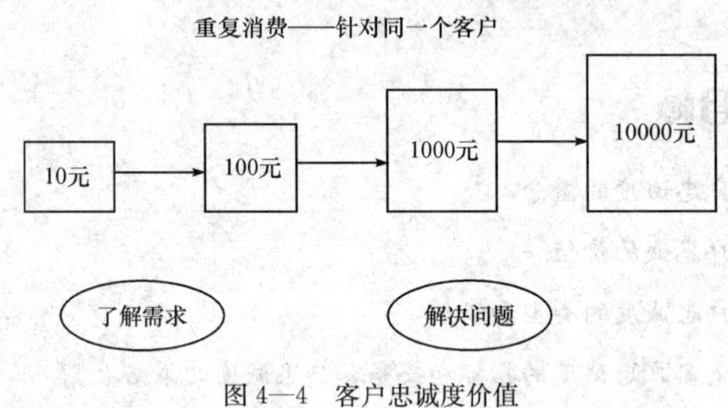

图4—4　客户忠诚度价值

客户忠诚的价值主要体现在以下几个方面：

1. 增加收入和利润

客户的价值应该以终生价值来计量，客户忠诚于企业的时间越长为企业带来的收入和利润就越多。忠诚的客户对企业产品和服务的溢价更加不敏感，从而会给企业更高的利润空间；忠诚的客户对企业更加了解，甚至有依赖和信任的感情，当企业向他们提供其他服务时他们更加容易接受，这无疑有助于企业的多元化发展。向现有客户销售的概率是50%，而向一个新客户销售产品的概率仅为15%；客户忠诚度下降5%，则企业利润下降25%；如果将每年的客户关系保持率增加5%，可能使利润增长85%；企业60%的新客户来自现有客户的推荐。

2. 节约成本

Sasser（1990）的研究表明，争取一位新客户的成本是维持一位老客户成本的5～6倍。老客户对于自己所忠诚企业的产品和服务已经非常了解，而新客户要有一个学习和适应的过程，企业为老客户提供服务比为新客户提供服务更加容易，成本更低。

3. 口碑效应

忠诚客户尤其是情感上忠诚的客户会积极地向其他客户宣传和推荐企业，形成口碑效应。很多研究表明，口碑传播的效果要大大好于广告等其他传播手段，口碑效应将有助于企业吸引新客户和提升企业形象。

4. 客户忠诚

客户忠诚能够使公司员工的工作自豪感和满意度增加，员工流动减少，这样建立起良性循环，通过更好的服务又加强了客户的忠诚。好的经济状况意味着公司能付给员工更高的薪水，这会引起一系列的变化：提高薪水鼓舞了员工的士气，提高了他们的归属感和总体工作满意度，这样他们的知识与经验能更好地为客户服务，于是客户就更倾向于对该公司保持忠诚。

美国运通公司负责信息管理的副总裁詹姆斯·范德·普顿指出，最好的客户与其余客户消费额的比例，在零售业来说约为 16∶1，在餐饮业是 13∶1，在航空业是 12∶1，在旅店业是 5∶1。从 2002 年我国全国旅客特征调查结果来看，常旅客只占所有旅客的 11.47%，但这些旅客每年要旅行 20 次以上，他们对航空公司旅行次数的贡献远大于其人数比例。调查结果分析显示，这些常旅客为航空公司贡献的旅行次数大约为 49%。也就是说，我国航空公司将近一半的运输量是由经常旅行的旅客贡献的。

三、客户忠诚的类型和级别

1. 客户忠诚的类型

忠诚有很多类型，按费尔德对金融服务的忠诚分类，有 6 类。

(1) 兴奋忠诚

因为兴奋造成的忠诚是非常强的联系，超过了服务价格、好处等的影响，客户觉得自己是企业一部分，这类忠诚通常是靠企业的形象和广告宣传的价值观念形成的。

(2) 价格忠诚

这是抓住了部分人对价格敏感的心理。价格忠诚并不能实现真正意义上的忠诚，它几乎是最脆弱的，一旦竞争对手提供了更低的价格，客户很快会掉头离开的。

(3) 刺激性忠诚

刺激性忠诚是近年来许多企业都热衷的一种营销战略，这对那些不用花自己钱的客户有一定的作用，比如经常进行商务飞行的旅客。但是，要知道许多客户都持有不止一个的互相竞争的服务企业的“忠诚卡”。他们只是把这种忠诚卡当作了满足需求时利用供应商的一种手段而已。

相关链接

阿斯达是英国超市中近几年市场份额增长比率最大的一家。它提供多种多样的产品，并关注客户价值和服务。

1999 年，阿斯达试着发行了忠诚卡——阿斯达俱乐部卡，但是它的调查却显示了客户喜欢低价的产品高于阿斯达俱乐部卡，所以阿斯达收回了那些俱乐部卡。

阿斯达的市场份领没有受到影响，反而达到了历史的最高点，它是英国四大连锁超市中唯一没有忠诚卡的超市。

（4）垄断性忠诚

垄断性忠诚是走向了极端，但这也代表了一部分现状。在这种情况下，客户几乎没有或者根本就没有选择权，所以说这种忠诚不是自愿的。根据对上百份客户满意度调查显示，选择权很小或者没有选择权的客户总是感到不满。

（5）习惯性忠诚

习惯性忠诚是重复性交易中最普遍的一种形式。当时间成为客户的稀缺资源时，不需要太多思考就能完成交易成为了他们的一种生活方式。但不要高估这种忠诚度，只要新开的服务场所更便利、更时尚或者更低廉，这些忠诚客户很少会留下。

（6）服务基础上的忠诚

这种才是最佳的客户忠诚类型。为客户提供更多的服务，给客户更好的价值，这种政策很有效，因为服务提供者是从客户的角度出发，给客户需要的服务。费尔德对此做出的结论是“每个金融服务企业都应该按照自己运作的细分市场、自己的组织形式和可实现目标形成对自己忠诚的定义”。

2. 客户忠诚的级别

我们口中常说的忠诚其实是最高层次的忠诚。客户忠诚有着不同的级别，下面就来看看客户忠诚共有哪几个级别，以及每个级别具体是怎样的。

客户的忠诚级别共有 6 类，分别如下：

（1）普通购买者

包括了市场上所有种类产品或服务的购买者，这类购买者可能没有感觉到你在向他推荐或者没有购买意向。

（2）潜在客户

这是指对你的产品或服务有兴趣，但是还没有开始交易的客户。

(3) 客户

这里的客户指的是一次性购买者，但对组织谈不上有何种感情。

(4) 跟随者

这里的跟随者指的是那些有重复购买行为的客户，但他们除了会重复购买外，对企业的关心不够主动。

(5) 拥护者

拥护者是指那些会给企业做良好宣传的客户，他们对企业的关心表现得很主动。

(6) 合伙人

这是处于忠诚度顶端的一类客户，他们与企业间达成了共识，双方以一种共赢的姿态存在下去。

显而易见，越往上的客户才是忠诚度越高的客户，而我们口中所说的忠诚客户则通常是由下往上数第四层级以上的客户（包括第四层级的客户），如图 4—5 所示。

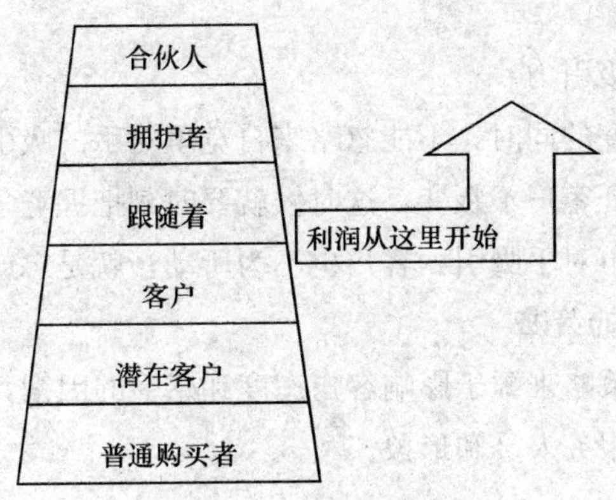

图 4—5　忠诚金字塔

四、客户忠诚度形成的策略

1. 忠诚度衡量的五个指标

衡量客户忠诚度的五项指标如图 4—6 所示。

(1) 客户保留

客户保留在很大程度上体现了客户对企业的尊重和留恋，只有足够忠诚的客户才可能一直留在企业。

（2）钱包份额

从一个客户那里得到的利润份额是评价客户忠诚度的关键指标之一。客户足够忠诚就会为企业作出更大的回报，贡献额也会随之上升。

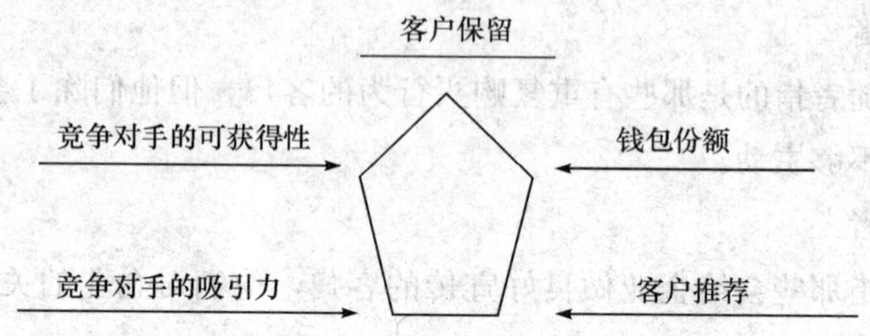

图 4—6　提升客户忠诚度的五项指标

（3）客户推荐

关注一下客户有没有为企业推荐新客户，也是评价客户忠诚度的一个指标。一般来说，对企业忠诚的客户自然会把新客户推荐给企业。

（4）竞争对手的可获得性

竞争对手的可获得性说明客户的忠诚度高低。可以给出客户承诺，使客户不至于轻易被竞争对手获得。

（5）竞争对手的吸引力

在提升客户忠诚度的同时，不能忽略来自竞争对手的吸引。如果竞争对手的吸引力足够大，很难保证客户不叛变，这时候就要时刻把握竞争对手信息，做出灵活的变动。如果面对竞争对手吸引，客户也不为所动，就是忠诚度足够高了。

2. 客户忠诚形成的策略

客户忠诚形成的策略来源于影响客户态度和感受的因素，包括感受、价格、互联网的进入、促进、服务人员和形象。

（1）感受

忠诚计划成功的基础应该是让潜在客户参加服务设计。服务的感受应该是灵活的，以适合每个客户需要和预期的变化。很多服务正是基于这个思想，才改变了管理者的思想方法和组织结构。

（2）价格

价格不是形成忠诚的方法，因为价格是最容易模仿的，客户在价格面前就像“墙头草”，这是事实。但是，如果客户能够体验到长时间的低价或者大部分商品总是低价的，那么重视价格的客户也不会轻易离开。

（3）互联网的进入

互联网的广泛应用提供了便利客户进入服务的新方式，在同样的条件下，更有利于增强忠诚。电子营销、电子网络、家庭终端都是一些有效的手段。科技的应用还提高了管理客户关系的能力。

互联网比其他任何服务的进入方式都更具优势，因为客户具有很强的控制能力。客户可以依次选择与生产者的关系类型，选择服务。互联网还因为其更具有互动性而被看成是形成客户忠诚的重要手段。

（4）促进

促进的目的是形成忠诚。它分为直接方式和间接方式两种。

直接方式主要是指直接发信函给购买者，或者打电话给他们。直接方式对目标客户很有效，但是常常出现信息太多，造成细分市场的厌烦，甚至放弃。不过，如果能很精心、很个性化地发送，而且时间也恰到好处，还是很有效的。

间接方式主要是指专业刊物、广告、赞助和公共关系。专业刊物是很有效地形成忠诚的手段，但是要选对目标客户；广告是典型的营销手段，但缺乏一对一的交流，需要配合其他沟通手段；赞助如果能和某个正面的大事件联系在一起，也会产生很好的效果；公共关系与客户忠诚之间的联系是客户参与了企业发生的事件，通常如果企业能够很好地化解，客户会相应提高忠诚；但如果企业忽视了这一点或者回避，客户的忠诚度会迅速下降，结果是企业损失惨重。中外很多著名的企业都是败在了公共关系没有协调好上。

（5）服务人员

在所有影响客户忠诚的因素里，服务人员的影响是最大的，也就是说他们直接影响着客户的忠诚。明白了这一点，企业就需要采取某些政策，促使服务人员热爱自己的工作，热爱自己的服务对象——客户。表 4—8 显示了客户流失的原因，可以看到人是影响客户去与留的重要因素。

表 4—8　客户流失原因统计

失去客户的百分比	原因
1%	死亡
3%	搬走了
4%	自然地改变了喜好
5%	在朋友的推荐下换了公司
9%	在别处买到更便宜的产品
10%	对产品不满意
68%	服务人员对客户的需求漠不关心

（6）环境

以前，购物是人们一种基本生活需要，现在，这种观点需要改变，购物已经变成人们一种重要生活方式。购物有助于缓解工作疲劳，购物能使人享受某种乐趣。从基本生活需求到重要生活方式的转变，就要求环境也进行相应的调整。企业早就意识到了这个问题，不过似乎有些过头，认为硬件条件能取代软件条件对客户忠诚的决定性影响。永远记住一点，在服务供应中，人是最关键的。

【案例 4—5】 客户影响要针对关键人

在行业客户开发中，有针对性地影响客户单位关键的决策人、影响人，是最为重要的开发要素。

在发现客户需求的基础上，要了解和熟悉客户的采购流程，把握客户的深层次需要，挖掘客户的应用价值。同时，要善于建立人际关系，分析与判断谁是客户单位的关键影响人、关键决策人，要创造机会接近关键人，策略性施加针对性影响，并获得关键人的认同和支持。如此这般，才有可能实现销售。

9 月 15 日，某公司业务员 A 在回访老客户的过程中了解到某客户要更换新系统，立即向区城经理 B 作了汇报。逢单必争的 B 经理知道这件事情不能轻视，及时汇报给了上司 C 经理。尽管只是小道消息，却涉及极具实力的集团公司，而且是公司今年重点抓的老客户，只要有一丝希望，也绝不能放弃，何况现在是年底冲刺阶段，就要拿出冲刺的气魄来。

9 月 21 日，C 经理拜访了客户公司机电部郑部长，随后，B 经理与项目组的两位同事多次拜访该集团相关人员，从中了解了许多重要的信息。

9 月下旬，他们获得了第一手“绝密”资料：招标关键小组人员和本次招标的三个关键人物。

10 月 6 日，项目组的两位同事决定拜访最重量级的关键性决策人物——常务总经理陈先生，未果。回到公司后马上再次电话预约常务总经理，在电话交流中，项目组的 D 发现自己竟然无法与他正常交流，原来他是位四川人，时而说普通话，时而说四川话。使得 D 这位东北小伙子摸不着北。放下电话，D 立刻与同事交流，当机立断改变行动方案。经过 B 经理、C 经理等人研究，决定让业务部经理 E 出马。E 有良好的沟通能力和亲和力，同时也是四川人，欣然领命，自然很顺利地与集团的高层进行了多次洽谈。

10 月 20 日，D 和 E 再次拜访了陈总，刺探到了一个“惊人”的消息，该公司最大的竞争对手，已经将关系“小手”伸出来了。这个对手，在此前就动用过关系网将对手打败过。这次绝不能让其得逞！立即开会研究，着手对所有竞争对手展开调查，然后“对症下药”，同时确定一套战术——“针对用户的特点提供新的方案，改进相关技术，同时向客户、竞争对手强调我们的产品与服务，以及成功的样板”。

10 月 30 日，接到集团的电话，通知他们去拿标书。

11 月 11 日，竞标成功。

参考文献

1. 秦毅．金牌销售经理Ⅰ、Ⅱ、Ⅲ．北京：北京大学出版社，2008
2. 丁兴良．大客户战略服务．北京：机械工业出版社，2008
3. 吴殷强．商业银行客户营销．北京：中国商业出版社，2006
4. 吴何．现代企业管理．北京：中国市场出版社，2010
5. 王波．客户服务管理工作细化执行与模板．北京：人民邮电出版社，2008
6. 李怀祖，韩新民．客户关系管理理论与方法．北京：中国水利水电出版社，2006
7. ［英］库克．客户服务有效性测评．丰祖军，张朝霞译．北京：清华大学出版社，2005
8. 宋文官．电子商业基础与实务．北京：人民邮电出版社，2007
9. 王永贵．客户关系管理．北京：清华大学出版社，北京交通大学出版社，2007
10. 苏定林．赢得重点客户满意的九堂课．北京：中国经济出版社，2006
11. 蒋旭平．我的客户服务课堂．上海：上海交通大学出版社，2006
12. 任璐璐．客户服务案例与技巧．北京：清华大学出版社，2005
13. 范秀成．服务管理学．天津：南开大学出版社，2006
14. 郑方华．客户服务技能案例训练手册．北京：机械工业出版社，2008
15. ［日］武田哲男．如何提高客户满意度．李伟译．北京：东方出版社，2004
16. 马学召．客户服务管理实操细节．广州：广东经济出版社，2006
17. 金才兵，杨亭．服务人员的五项修炼．北京：机械工业出版社，2008
18. 刘建军．金牌服务管理．广州：广东经济出版社，2005
19. 徐静泽．银行窗口礼仪服务．厦门：鹭江出版社，2009
20. 自秋．本土客户管理案例精解．广州：广东经济出版社，2005
21. 陆丽明．如何进行客户服务管理．北京：北京大学出版社，2005
22. 萨拉·库克．客户服务管理．杨冰译．北京：经济管理出版社，2005
23. 全琳琛．物流管理工作细化执行与模版．北京：人民邮电出版社，2008
24. 孙宗虎，么秀杰．物业管理流程设计与工作标准．北京：人民邮电出版社，2007
25. 李先国，曹献存．客户服务实务．北京：清华大学出版社，2006
26. 宋建阳．企业物流管理．北京：电子工业出版社，2005
27. 滕宝红．客户主管日常管理工作技能与范本．北京：人民邮电出版社，2008
28. 谭丽琴，张小艺．客户服务管理职位工作手册．北京：人民邮电出版社，2005
29. 丰祖军．客户有效性测评．北京：清华大学出版社，2005
30. 刘立户．全面质量管理．北京：北京大学出版社，2006